Über den Autor

Christoph Riedel (geb. 1951) stammt aus Lüdenscheid. Nach Abitur und Wehrdienst studierte er an der Westfälischen Wilhelms-Universität Münster für das Lehramt und war bis zu seiner Pensionierung stellvertretender Schulleiter einer Realschule. Seit seiner Kindheit fotografiert er Eisenbahnen und besitzt inzwischen ein Archiv mit mehr als 24.000 Fotos.

Hauptbahnen in Nordrhein-Westfalen

Hagener Loks der Reihe 218 beförderten viele Jahre die Züge auf der Oberen Ruhrtalbahn in Richtung Warburg/Kassel (Geisecke, 23. April 1995).

Christoph Riedel

Hauptbahnen in Nordrhein-Westfalen

Strecken • Unternehmen • Fahrzeuge
1980 bis heute

SUTTON

Auf der Strecke von Wanne-Eickel nach Münster hat der Regionalexpress am 15. Mai 2020 Haltern am See verlassen und wird in Kürze Dülmen erreichen (Aufnahme bei Haus Dülmen).

Bildnachweis
Alle Bilder stammen vom Autor.

Einband vorn: Vor Nahverkehrszügen waren 2003 auf der Ruhr-Sieg-Strecke die „Knallfrösche" der Reihe 141 eingesetzt (Altena, 15. Juni 2003).
Vorsatz: Als der silberene Flirt-Triebwagen als RB 91 am 23. Februar 2023 durch das vorfrühlingshafte Lennetal bei Plettenberg rollt, ist er nicht mehr für Abellio, sondern für DB Regio unterwegs.
Nachsatz: Nicht sehr glücklich ist DB Regio bisher mit den PESA-Triebwagen aus Polen, die auch auf der Oberen Ruhrtalbahn zum Einsatz kommen, denn immer wieder gibt es bei diesem Typ technische Probleme (Freienohl, 25. Oktober 2019).
Einband hinten: Typisches Novemberwetter herrscht am 15. November 2014, als dieser ICE 3 das Viadukt von Altenbeken überquert.

Impressum

Sutton Verlag GmbH
Schweickhardtstraße 1
72072 Tübingen
www.suttonverlag.de

ISBN: 978-3-96303-426-8
Printed in Poland by CGS
Gestaltung und Herstellung: Sutton Verlag

Inhalt

Am 25. März 2000 zieht 140 770 einen Güterzug auf dem viergleisigen Streckenabschnitt bei Westhofen in Richtung Schwerte.

Vorwort

Das Land Nordrhein-Westfalen entstand nach dem Zweiten Weltkrieg aus der ehemaligen Provinz Westfalen, dem nördlichen Teil der Rheinprovinz und dem Land Lippe. Mit mehr als 17 Millionen Einwohnern ist es das bevölkerungsreichste Bundesland Deutschlands. Insbesondere die Rhein-Ruhr-Schiene von Köln über Düsseldorf und Essen bis nach Dortmund gehört zu den am dichtesten besiedelten Räumen Deutschlands. Auch die beiden größten Städte des Bundeslandes, Köln und Essen, sowie die Landeshauptstadt Düsseldorf liegen in diesem Verdichtungsraum, der von zahlreichen bedeutenden Eisenbahnstrecken durchquert wird, darunter mit der Köln-Mindener Bahn von Köln über das nördliche Ruhrgebiet nach Dortmund und weiter nach Minden auch von einer der ersten in Nordrhein-Westfalen eröffneten Eisenbahnstrecken. Ein weiterer Raum mit dichterem Hauptstreckennetz ist das zentrale Münsterland mit dem Bahnknoten Münster Hbf. In den anderen Landesteilen ist die Anzahl bedeutender Bahnstrecken wesentlich geringer, bedingt einerseits durch die geringere Bevölkerungsdichte und die geringere Anzahl von Oberzentren, andererseits durch die Topographie der Landschaft. Die nördlichen Teile des Rheinischen Schiefergebirges (Eifel, Bergisches Land und Sauerland) mit ihrer ausgeprägten Reliefenergie stellten nicht nur die Eisenbahningenieure des 19. Jahrhunderts vor große Probleme. Auch heute sind die Eisenbahnstrecken in diesen Landschaftsteilen wegen der häufig kurvenreichen Linienführung für schnellen Eisenbahnverkehr wenig geeignet. Trotzdem durchquert eine der wichtigsten Bahnstrecken des Landes, die Hauptstrecke von Köln über Wuppertal nach Hagen, ab Solingen-Ohligs das nördliche Bergische Land. Das industriereiche Gebiet im Raum Barmen/Elberfeld (heute Wuppertal) hatte die Bergisch-Märkische Eisenbahngesellschaft (BME) veranlasst, hier eine Bahnstrecke zu bauen. Zwar beträgt auf diesem Streckenstück die Höchstgeschwindigkeit auf zwei Abschnitten 150 und 160 km/h, meist liegt sie aber bei 130 km/h oder sogar darunter. Die anderen Hauptstrecken des Berglandes, auf denen früher überregionale Züge rollten, haben den Fernverkehr verloren, eine Ausnahme stellt die Ruhr-Sieg-Strecke Hagen–Siegen(–Gießen) dar. Hier verkehren seit Dezember 2021 wieder IC-Züge im Zweistundentakt von Frankfurt nach Dortmund und Münster, ein Zugpaar erreicht sogar Norddeich Mole an der ostfriesischen Nordseeküste. Ebenso wie im Rheinischen Schiefergebirge gibt es auch am Niederrhein und in Ostwestfalen weniger Hauptstrecken als im Rhein-Ruhr-Ballungsraum, die aber zum Teil von großer Bedeutung im überregionalen Verkehr sind. Die Strecke von Köln über Düren nach Aachen weist internationalen Verkehr in Richtung Belgien und Frankreich auf, während die Fernzüge in die Niederlande vom westlichen Ruhrgebiet aus über Emmerich geführt werden. Im östlichen Westfalen wird der Fernverkehr in Richtung Hannover/Berlin über die Strecke Hamm–Minden geleitet, während die Fernzüge in Richtung Kassel von Hamm aus über Paderborn und Warburg laufen. Die weiter südlich gelegene Obere Ruhrtalbahn, auf der früher ebenfalls ein bedeutender Fernverkehr in Richtung Kassel abgewickelt wurde, hat ihre Fernzüge komplett verloren, ist aber immer noch eine bedeutende Strecke für den Regionalexpressverkehr. Sie ist eine der wenigen wichtigen Hauptbahnen, die nicht elektrifiziert wurden. Ein ähnliches Schicksal wie die Obere Ruhrtalbahn erlitten auch die frühere D-Zug-Strecke von Köln nach Trier durch die Eifel und die Hauptbahn von Krefeld nach Kleve, auf der bis 1988 Fernzüge über Kleve hinaus in Richtung Nijmegen(–Amsterdam) in den Niederlanden verkehrten. Diese beiden Strecken haben ebenfalls bis heute keine Elektrifizierung erfahren. Auch wenn sie nicht oder nur teilweise dem Personenverkehr dienen, gehören auch die Hauptstrecken von Troisdorf nach Mülheim-Speldorf und von Oberhausen-Osterfeld nach Hamm zu den bedeutenden Bahnstrecken des Landes.

Bekannt ist, dass das Nebenstreckennetz des Landes Nordrhein-Westfalen nach dem Zweiten Weltkrieg stark ausgedünnt worden ist. Weniger bekannt ist, dass auch zwei ehemals bedeutende Hauptbahnen dieses Schicksal zumindest teilweise erlitten haben. Die Strecken Osterath–Dortmund Süd und Düsseldorf-Derendorf–Dortmund Süd der ehemaligen Rheinischen Eisenbahngesellschaft sind heute nicht mehr durchgehend befahrbar und werden teilweise als Radweg genutzt, andere Teile aber auch noch von Eisenbahnzügen befahren. So benutzt beispielsweise von Hagen aus in Richtung Schwelm die S-Bahn-Linie 9 nach Haltern und Recklinghausen die ehemalige Rheinische Bahn, denn die parallel verlaufende Hauptstrecke Hagen–Wuppertal ist hier nur zweigleisig, während ab Schwelm auf separaten S-Bahn-Gleisen gefahren werden kann. Auch im Raum Wuppertal/Düsseldorf wird diese Strecke noch von Regionalbahnen befahren. Die Triebwagen der Linie S 28 laufen, von Kaarst kommend, auf dem Streckenabschnitt zwischen Gerresheim und Mettmann auf dieser Strecke und gelangen seit Dezember 2020 darüber hinaus über eine kurze Neubaustrecke und den südlichen Teil der Strecke Essen–Wuppertal bis nach Wuppertal-Vohwinkel und über die Bergisch-Märkische Strecke weiter nach Wuppertal Hbf. Unverständlich bleibt, warum angesichts der seitens der Politik gewünschten Intensivierung des Schienengüterverkehrs diese beiden ehemaligen Hauptbahnen nicht zur Entlastung des vorhandenen Streckennetzes ertüchtigt worden sind.

Das Buch trägt den Titel „Hauptbahnen in Nordrhein-Westfalen“, allerdings konnten nicht alle Hauptbahnen des Landes Berücksichtigung finden, das hätte den Umfang dieses Buches bei Weitem gesprengt. Eingang gefunden haben deshalb nur solche Hauptbahnen, die sowohl früher als auch heute noch überregionalen Personen- oder Güterverkehr aufgewiesen haben oder noch aufweisen. Dazu kommen Hauptbahnen, die diesen zwar verloren haben, auf denen aber wenigstens noch Züge verkehren, die den ehemaligen Eilzügen entsprechen (heute: Regionalexpress). Der etwas unscharfe Begriff „Hauptstrecke“ wird in diesem Buch synonym für „Hauptbahn“ verwendet. Einige der Regionalexpresslinien werden in Zukunft unter der Produktbezeichnung RRX betrieben werden, dabei handelt es sich um ein Netz von schnellen Regionalzügen, das auf insgesamt sieben Linien den Regionalverkehr in Nordrhein-Westfalen verbessern soll. Auf fünf dieser Linien läuft seit 2018 bereits ein Vorlaufbetrieb. Anfangs- und Endpunkte der im ersten Kapitel vorgestellten Hauptstrecken entsprechen nicht denen der Entstehungszeit der betreffenden Bahn. Die Köln-Mindener Strecke wird in diesem Buch beispielsweise aufgeteilt in die Streckenteile Köln–Duisburg, Duisburg–Dortmund–Hamm und

Hamm–Minden, um überschaubare Räume für die fotografische Dokumentation zu erhalten. Um den vorgegebenen Rahmen dieses Buches nicht zu sprengen, wird im Textteil des ersten Kapitels überwiegend Bezug auf den Personenverkehr genommen, während im Bildteil auch der Güterzugverkehr Berücksichtigung findet. Das zweite Kapitel ist den Eisenbahnverkehrsunternehmen (EVU) gewidmet, die auf den Hauptstrecken des Landes ihre Fahrzeuge einsetzen. Das sind im Fernverkehr neben dem „Platzhirsch" DB AG wenige EVU mit einer überschaubaren Zahl von Zugleistungen. Im Regionalverkehr ist die Anzahl schon erheblich größer ebenso wie im Güterverkehr. Kapitel drei bietet einen Überblick über die auf nordrhein-westfälischen Hauptstrecken rollenden Schienenfahrzeuge und im letzten Kapitel des Buches sollen einige Punkte beschrieben werden, von denen aus das Geschehen auf den Schienenwegen besonders gut fotografisch in Szene gesetzt werden kann. Ortshinweise und Anreisebeschreibungen sollen es dem Leser erleichtern, selbst diese Stellen aufzusuchen.

Die Fotos in diesem Buch stammen alle vom Autor und sind in den vergangenen 40 Jahren auf fotografischen Exkursionen entstanden, die allein oder mit der Ehefrau entlang der Bahnstrecken des Landes unternommen wurden. Häufig waren es Radtouren, die entsprechend dem Streckenverlauf der zu besuchenden Hauptstrecke auf topographischen Karten in möglichst großem Maßstab, in neuerer Zeit dann mit Hilfe von Computerprogrammen und Luftbildern geplant wurden. Glücklicherweise braucht man beim Besuch einer Hauptstrecke nicht unbedingt einen Fahrplan bei der Auswahl der Fotostandorte, denn wegen der Dichte der Streckenbelegung dauert es an geeigneten Plätzen meist nicht sehr lange, bis sich ein Zug aus der gewünschten Richtung ankündigt. Man kann allerdings auch Pech haben, wenn nicht rechtzeitig Informationen aus den einschlägigen Foren im Internet abgerufen worden sind. So erging es dem Autor im Herbst 2020 an der Güterzugstrecke von Troisdorf nach Mülheim-Speldorf, wo die Strecke wahrscheinlich wegen Bauarbeiten tagsüber nur von zwei Bauzügen befahren wurde und der enttäuschte Fotograf zwischen Langenfeld und Hilden lediglich in den Genuss der frühherbstlichen rheinischen Landschaft kam. Ältere Bilder bis 2007 haben analoge Vorlagen in Form von Kleinbild- und Mittelformatdias, neuere basieren auf digitalen Fotos. Ergänzt werden die in den letzten rund vierzig Jahren entstandenen Bilder durch einige wenige Fotos aus den 1960er- und 1970er-Jahren, die Einblick geben sollen in den Fahrzeugbestand früherer Jahre. Mein „Handwerkszeug" bestand früher aus Kleinbild- und Mittelformatkameras, heute setze ich bei digitalen Fotos fast ausschließlich auf Kameras mit Vollformatsensor. Wenn bei Spaziergängen die schwere Fotoausrüstung stört, kommt eine handliche Kamera aus deutscher Produktion zum Einsatz. An Objektiven nutze ich Optiken verschiedener Anbieter, die per Adapter mit meinen Kameras verbunden werden können.

151 052 und eine unbekannte Schwestermaschine ziehen am 17. März 2012 einen Güterzug durch den Güterbahnhof von Köln-Gremberg.

Ratingen-West liegt an der Güterzugstrecke von Troisdorf nach Mülheim-Speldorf. Der Bahnhof wird am 4. August 2009 noch durch Formsignale gesichert.

1 Schienenwege

Wenden wir den Blick zunächst in den Westen des Landes. Die Kölner Bucht und das Niederrheinische Tiefland erstrecken sich längs der belgisch-niederländischen Grenze vom Nordrand der Eifel bis zur niederländischen Grenze bei Arnheim. Im Osten begrenzen die Westfälische Bucht und das Bergische Land die topographisch wenig anspruchsvolle Landschaft, die dem Bahnbau keine großen Hindernisse entgegengestellt hat. Wichtigster Kristallisationspunkt des Eisenbahnverkehrs im nördlichen Rheinland ist der Hauptbahnhof von Köln, den mit Ausnahme der Hauptbahnen Aachen–Düsseldorf, Mönchengladbach–Duisburg, Düsseldorf–Kleve und Oberhausen–Arnheim alle bedeutenden Hauptbahnen berühren. Von Süden her werden beide Rheinstrecken und die Hochgeschwindigkeitsstrecke Frankfurt–Köln in die Domstadt geführt, nach Norden verlassen den Hauptbahnhof die Linien nach Mönchengladbach, Neuss und Duisburg sowie die bedeutende Hauptstrecke nach Hagen und Dortmund durch das Bergische Land. Von Köln aus in Richtung Belgien und Frankreich gelangt man über die Hauptstrecke nach Aachen, die im Bereich des Höhenzuges der Ville und des Vennvorlandes im Raum Aachen eine etwas stärker reliefierte Landschaft durchquert. Aachen ist auch der Ausgangspunkt der die westliche Kölner Bucht durchquerenden Hauptstrecke nach Düsseldorf über Mönchengladbach, wo in Richtung Norden eine weitere Hauptstrecke führt, die sich in Viersen in die Äste nach Venlo und Duisburg verzweigt. Von Oberhausen aus führt schließlich die zum transeuropäischen Netz (TEN) gehörende Hauptstrecke längs des Niederrheins nach Arnheim in den Niederlanden. Diese im Nachbarland mit der sogenannten Betuweroute in Richtung Rotterdam verbundene Strecke wird seit 2017 dreigleisig ausgebaut.

Begonnen hat der Bau der heutigen Hauptstrecken in diesem Teil Deutschlands bereits 1839, als das heute im Stadtgebiet von Köln liegende Streckenstück Köln–Müngersdorf der Strecke Köln–Aachen durch die Rheinische Eisenbahngesellschaft (RhE) eröffnet wurde. Zwei weitere Jahre dauerte es, bis das Gleis Aachen erreichte und 1843 gelang der Anschluss an das belgische Eisenbahnnetz. Diese Bahngesellschaft übernahm 1857 auch die 1844 von der Bonn-Cölner Eisenbahn-Gesellschaft eröffnete Strecke von Köln nach Bonn (linke Rheinstrecke) und verlängerte ihre Strecke zunächst bis Rolandseck (1856) und zwei Jahre später bis nach Koblenz. Auch die Eröffnung der rechten Rheinstrecke in den Jahren 1870 und 1871 geht auf die RhE zurück. Die Hauptstrecke wurde 1874 auch Ausgangspunkt der noch heute wichtigen Güterbahn, die am 18. November 1874 von der RhE zwischen Troisdorf und Mülheim-Speldorf eröffnet wurde und die rechte Rheinstrecke mit dem Ruhrgebiet verbindet. Die erste in die Niederlande führende Hauptstrecke am Niederrhein geht ebenfalls auf die RhE zurück. 1856 eröffnete die Gesellschaft die Teilstrecken Oberhausen–Dinslaken (1.7.1856) und Dinslaken–Emmerich-Grenze (20.10.1856) der Hauptstrecke Oberhausen–Arnheim. Eine weitere Hauptbahn der RhE war in Teilen zunächst von der Cöln-Crefelder Eisenbahngesellschaft (CCE) gebaut worden,

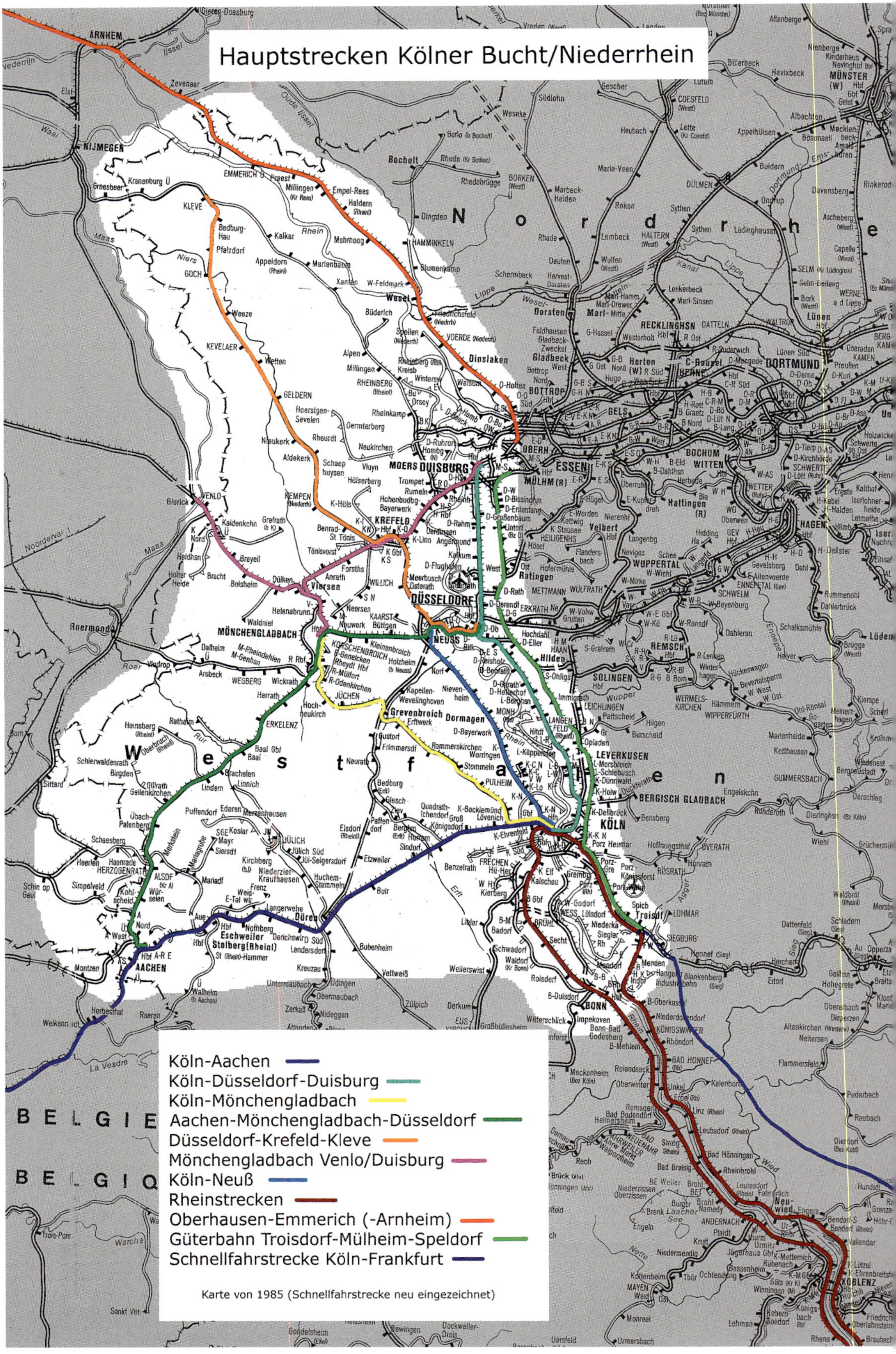
Hauptstrecken Kölner Bucht/Niederrhein
Köln-Aachen
Köln-Düsseldorf-Duisburg
Köln-Mönchengladbach
Aachen-Mönchengladbach-Düsseldorf
Düsseldorf-Krefeld-Kleve
Mönchengladbach Venlo/Duisburg
Köln-Neuß
Rheinstrecken
Oberhausen-Emmerich (-Arnheim)
Güterbahn Troisdorf-Mülheim-Speldorf
Schnellfahrstrecke Köln-Frankfurt
Karte von 1985 (Schnellfahrstrecke neu eingezeichnet)

die 1855/56 eine Bahnstrecke von Köln über Neuss nach Krefeld eröffnet hatte. Die CCE wurde zusammen mit ihrer Strecke am 1. Juli 1860 von der RhE übernommen, die 1866 den Streckenabschnitt Neuss–Krefeld neu trassierte. Die alte Strecke existiert heute noch als Stadtbahnlinie. Aber auch die Cöln-Mindener Eisenbahngesellschaft (CME) blieb in dieser Zeit am Rhein nicht untätig. Schon ab 20. Dezember 1845 fuhren die Züge dieser Gesellschaft zwischen Köln und Düsseldorf, knapp acht Wochen später wurde auch das Streckenstück Düsseldorf–Duisburg dem Verkehr übergeben. Die CME eröffnete auch die zweite in die Niederlande führende Hauptstrecke am Niederrhein. 1863 fuhren die ersten Züge zwischen Krefeld und Kleve, das kurze Streckenstück von Kleve bis zur niederländischen Grenze folgte zwei Jahre später. Von der Aachen-Neuss-Düsseldorfer Eisenbahngesellschaft ab 1846 geplant wurde die Hauptstrecke von Aachen über Mönchengladbach nach Düsseldorf. Schon bald der Direktion der Aachen-Düsseldorf-Ruhrorter Eisenbahn unterstellt, ging die Gesamtstrecke in den Jahren 1852 und 1853 in Betrieb. Etwas früher schon waren große Teile der heutigen Hauptstrecke Duisburg–Mönchengladbach eröffnet worden. Die Ruhrort-Crefeld-Kreis Gladbacher Eisenbahn nahm am 15. Oktober 1849 die Strecke Homberg–Viersen in Betrieb. Im Folgejahr wurde auch diese Eisenbahngesellschaft der Direktion der Aachen-Düsseldorf-Ruhrorter Eisenbahn unterstellt, die am 15. Oktober 1851 den Rest der Strecke von Viersen bis Mönchengladbach in Betrieb nahm. Der nördliche Teil der Ursprungsstrecke ist heute stillgelegt, die Züge nutzen auf der Fahrt nach Duisburg auch Gleise des westlichen Teils der Ruhrgebietsstrecke der RhE. Im Verhältnis zu den bisher angesprochenen Hauptstrecken recht spät in Betrieb ging die Hauptbahn von Köln nach Möchengladbach, die südlich von Mönchengladbach nicht wie heute über Rheydt führte, sondern über Geneicken und Mülfort nach Odenkirchen als Teil der ehemaligen Bahnstrecke Mönchengladbach–Jülich–Stolberg. Dieser Streckenteil wurde am 1. Februar 1870 eröffnet. Es folgte der Abschnitt Odenkirchen–Hochneukirch (1. Oktober 1873 / ebenfalls Teil der ehemaligen Strecke Mönchengladbach–Jülich–Stolberg). Es dauerte noch weitere 26 Jahre, bis die Gesamtstrecke befahren werden konnte. Ab 1889 fuhren die Züge zwischen Hochneukirch und Grevenbroich, zehn Jahre später war der Endpunkt in Köln-Ehrenfeld erreicht.

Ein Blick in ältere Kursbücher zeigt, dass sich die Situation im Fernverkehr am Niederrhein früher gänzlich anders als heute dargestellt hat. Auf allen heute von Fernverkehrszügen befahrenen Hauptstrecken gab es vor Gründung der DB AG diesen hochwertigen Reisezugverkehr. Aber auch die heute lediglich von Regionalexpresszügen bedienten Strecken wiesen sowohl in der Reichsbahn- als auch der späten Bundesbahnzeit zum Teil umfangreichen Fernverkehr auf. Besonders betroffen vom Rückgang des hochwertigen Reisezugverkehrs ist die Bahnstrecke von Köln nach Neuss, wo in der Reichsbahnzeit mit dem D1/2 Köln Hbf–Berlin Stadtbahn einer der wichtigsten D-Züge des Landes verkehrte. Auch in den späteren Jahrzehnten wurden zahlreiche hochwertige Fernverkehrszüge über diese Strecke geleitet. Auf den übrigen heute vom Fernverkehr gemiedenen Hauptstrecken des Niederrheingebiets war der Fernverkehr früher ebenfalls rege. Zwischen Köln und Venlo über Mönchengladbach rollte in den 1950er-Jahren sogar der legendäre „Rheingold“ und über den Grenzübergang bei Kranenburg, wo heute kein einziger Zug mehr fährt, liefen der D 307 (München–Amsterdam) und Mitte der 1980er-Jahre unter anderem der „Austria-Express“ von Klagenfurt nach Amsterdam. Wenn man von dem täglichen Zugpaar des IC 32 Aachen–Berlin auf der Strecke Aachen–Mönchengladbach–Duisburg oder Düsseldorf und der Hochgeschwindigkeitsstrecke Köln–Frankfurt, auf der ausschließlich ICE-Züge verkehren, einmal absieht, gibt es aktuell (2023) nur auf vier Hauptstrecken am Niederrhein Personenfernverkehr. Wichtigste Verbindung ist mit 14 IC- oder ICE-Verbindungen und einigen Thalys-Zugpaaren die Strecke Duisburg–Düsseldorf–Köln, wobei einige wenige Züge nur den nördlichen oder südlichen Teil der Strecke befahren. Auch die linke Rheinstrecke gehört zu den bedeutenden Fernverkehrsstrecken am Rhein. Zwar wird nur eine ICE-Linie und eine gemischte ICE-/IC-Linie durch das Rheintal geführt, fünf zusätzliche IC-Linien vervollständigen aber das umfangreiche Fernverkehrsangebot. Die schnellen ICE allerdings nutzen die Schnellfahrstrecke über Westerwald und Taunus nach Frankfurt. Brüssel und Aachen sind Ausgangspunkte der beiden zwischen Köln und Aachen verkehrenden ICE-Linien. Dieses Angebot wird erweitert durch den nach Paris laufenden Thalys, der seit Oktober 2023 unter der Bezeichnung „Eurostar“ fährt. Mit nur einer ICE-Linie (ICE 78) ist das Fernverkehrsangebot zwischen Oberhausen und Emmerich am geringsten. Die meisten anderen in diesem Buch berücksichtigten Strecken weisen neben den üblichen Regionalbahnen allerdings einen dichten Regionalexpressverkehr auf. Zwischen Düsseldorf und Duisburg kann der Bahnkunde zwischen sieben verschiedenen Linien wählen, auf den übrigen Hauptstrecken ist das Angebot etwas geringer. Auf den Strecken Aachen–Mönchengladbach, Neuss–Krefeld, Köln–Mönchengladbach und Düsseldorf–Kleve verkehrt nur jeweils ein Regionalexpress. Drei der Regionalexpresslinien (RE 1 Hamm–Aachen / RE 5 Emmerich–Koblenz / RE 11 Düsseldorf–Kassel-Wilhelmshöhe) werden im Vorlauf des zukünftigen „RRX-Netzes“ betrieben. Dieses neue Netz schneller Regionalexpressverbindungen soll in Zukunft alle wichtigen Zentren Nordrhein-Westfalens mit sieben Linien verbinden. Dafür wird in naher Zukunft die Strecke zwischen Düsseldorf-Benrath und Duisburg sechsgleisig ausgebaut. Durch Bündelung wird so zwischen Dortmund und Köln ein 15-Minuten-Takt erreicht. Bis auf RE 10 Düsseldorf–Kleve und RE 44 Bottrop–Moers sind alle Strecken elektrifiziert. Seit 2022 wird auch der RE 19a Wesel-Bocholt mit elektrischen Triebwagen gefahren. Dieses Angebot wird ergänzt durch die zahlreichen auf sämtlichen Hauptstrecken ebenfalls verkehrenden Regionalbahnen und die S-Bahnen des Raumes Köln/Düsseldorf, auf die hier nicht näher eingegangen werden kann.

Auf dem Weg vom Ruhrgebiet nach Paris macht der Thalys auch in Deutschlands westlichster Großstadt Halt (Aachen, 7. September 2014).

140 857 mit einem Leerzug am 29. September 2008 auf der Strecke Aachen–Köln bei Jüngersdorf.

110 284 mit einem D-Zug am 9. April 1991 in der Halle des Kölner Hauptbahnhofs.

Die Kölner Südbrücke nutzen vor allem Güterzüge. Am 19. Juli 2002 führt 140 123 einen Güterzug von der rechten Rheinstrecke nach Köln. ►

In klassischen DB-Farben rangiert am 10. März 1975 140 596 im Rangierbahnhof von Köln-Gremberg.

Nachdem die Triebwagen der Baureihe 403 (erste Besetzung) im IC-Verkehr nicht benötigt wurden, setzte sie die Lufthansa auf Flughöhe null zwischen Köln und Frankfurt über die linke Rheinstrecke ein (Bonn, 1. April 1986).

Auf der Güterzugstrecke von Mülheim-Speldorf nach Troisdorf befördert 151 102 am 3. Oktober 2013 zusammen mit einer weiteren Lok dieser Baureihe bei Opladen einen Güterzug in Richtung Süden.

◂ ICE der Baureihe 403 am 26. März 2022 auf der Neubaustrecke Köln–Frankfurt bei Ruttscheid.

Am 11. März 2017 wurden Züge zwischen Düsseldorf und Duisburg über die Güterzugstrecke bei Ratingen West geleitet. Der ICE passiert auf seinem Weg nach Norden den Lokschuppen des ehemaligen Bahnbetriebswerks Ratingen West.

Bahnhof Weeze an der Strecke von Kleve nach Düsseldorf am Nachmittag des 17. Juli 1987. Der Zug aus Kleve ist angekommen und wartet auf Weiterfahrt in Richtung Süden.

111 113 passiert mit einem Regionalexpress am 2. Juli 2016 den Haltepunkt Düsseldorf-Hamm.

Zwischen Duisburg und Rheinhausen überqueren die Züge die Hochfelder Rheinbrücke. Rechts der linksrheinische Pfeiler des Ende des Krieges zerstörten Vorgängerbauwerks (24. Februar 2021).

Am südwestlichen Stadtrand von Aachen ist am 2. April 2011 E 186 220 mit einem Güterzug auf dem Weg nach Belgien und wird in Kürze den Tunnel unter dem Dreiländereck unterqueren.

◂ Mit „offenem Visier" begegnet uns ein ICE der Baureihe 403 am 24. Juni 2020 auf dem Weg von Amsterdam nach Frankfurt bei Feldmark nördlich von Oberhausen.

Pünktlich zu Weihnachten ist es auch am Niederrhein kalt geworden und der Krefelder Hauptbahnhof ist am 23. Dezember 2001 in eine dünne Schneedecke gehüllt.

An der Strecke von Köln nach Düsseldorf befindet sich der Übergabebahnhof Dormagen-Chempark, der am 26. März 2022 von einem Regionalexpress des Unternehmens National Express passiert wird.

Während 103 132 vor einem Interregiozug auf Ausfahrt wartet, passiert 140 796 am 4. April 1995 solo den Hauptbahnhof von Mönchengladbach.

Triebwagen der Reihe 425 am 6. September 2007 bei Allrath im Rheinland.

2007 standen an der Hauptstrecke Aachen–Mönchengladbach noch Formsignale. Am 9. Juni 2007 passiert 111 014 das Einfahrvorsignal von Wickrath.

Wechseln wir jetzt auf die andere Rheinseite in den Ballungsraum an der Ruhr. Das Ruhrgebiet wird im Norden durch die Lippe und im Süden durch den namengebenden Fluss Ruhr begrenzt. Mit über fünf Millionen Einwohnern ist es der größte Ballungsraum Deutschlands. Entsprechend dicht ist hier das Schienennetz, wenn auch die Schließung aller Zechen – die letzte war Prosper Haniel in Bottrop im Jahr 2015 – auch die Aufgabe von Bahnstrecken nach sich zog. Zwei der wichtigsten Hauptstrecken des Ruhrgebiets verlaufen in west-östlicher Richtung. Von Duisburg aus geht es im Norden des Ballungsraums über Oberhausen, Gelsenkirchen, Wanne-Eickel und Dortmund nach Hamm. Ebenfalls von Duisburg nach Hamm führt die weiter südlich gelegene Strecke über Essen, Bochum und Dortmund. Von Essen Hbf aus in Richtung Norden führt eine weitere wichtige Hauptbahn des Ruhrgebiets. Sie verbindet Essen, Gelsenkirchen, Wanne-Eickel und Recklinghausen mit dem Hauptbahnhof von Münster. Erst spät in den Fernverkehr einbezogen wurde die eingleisige Hauptstrecke von Dortmund nach Münster. Auf beide Verbindungen soll wegen der überwiegenden Lage im Münsterland erst dort eingegangen werden. An der Grenze zum Münsterland verbindet schließlich eine zweigleisige Hauptstrecke Hamm mit Oberhausen-Osterfeld. Diese Strecke dient überwiegend dem Güterverkehr. 1983 wurde der Personenverkehr aufgegeben, wird zurzeit aber schrittweise in Form von S-Bahn-Verkehr reaktiviert. Zählt man die Stadt Hagen noch im weitesten Sinn mit zum Ruhrgebiet, müssen auch die von hier in Richtung Hamm und Dortmund/Bochum führenden Hauptstrecken Berücksichtigung finden. Als erste der heutigen Hauptstrecken ging am 15. Mai 1847 die zunächst eingleisig angelegte Linie der Cöln-Mindener Eisenbahngesellschaft (CME) von Duisburg über Oberhausen, Gelsenkirchen und Dortmund nach Hamm in Betrieb. Ursprünglich von der Rheinischen Eisenbahngesellschaft geplant, waren zunächst zwei alternative Routen im Gespräch, darunter auch die später von der Bergisch-Märkischen Eisenbahngesellschaft (BME) realisierte Bahn durch das Bergische Land. Zum Zeitpunkt der Eröffnung stand trotz der Linienführung durch das Ruhrgebiet in erster Linie eine Eisenbahnverbindung vom Rhein an die Weser im Vordergrund, um durch eine Verlagerung der Transporte hin zu den deutschen Nordseehäfen hohe Zölle in den Niederlanden vermeiden zu können. Im Hinterkopf hatte man allerdings schon die Möglichkeit des späteren Anschlusses von Zechenbahnen. Ein Jahr nach Eröffnung der Köln-Mindener Bahn wurde die Strecke Hagen–Dortmund von der BME für den Güterverkehr und ein weiteres Jahr später auch für den Personenverkehr eröffnet. Es handelte sich um die „alte“ Linienführung über Dortmund-Barop, die heute nur noch im S-Bahn-Verkehr genutzt wird. Seit 1988 wird der schnelle Bahnverkehr über eine kurze Neubaustrecke von der Abzweigstelle Stockumer Straße in Langendreer zur Fernbahn Bochum–Dortmund geleitet. Der Streckenast von Witten nach Bochum folgte erst zwölf Jahre später am 26. Oktober 1860. Um Hagen mit Hamm verbinden zu können, nutzte die BME das bereits seit 1855 befahrene Streckenstück Holzwickede–Unna der BME-Linie Dortmund–Soest. Die noch fehlenden Streckenteile wurden am 18. Januar 1866 (Unna–Hamm) und 1. April 1867 (Hagen–Holzwickede) eröffnet. Ebenfalls von der BME gebaut wurde die heute wohl wichtigste Hauptstrecke des Ruhrgebiets von Dortmund über Bochum und Essen nach Oberhausen und Duisburg, die zwischen dem 1. Mai und 5. Oktober 1862 eröffnet wurde. Dritte große West-Ost-Verbindung war die Hauptstrecke der Rheinischen Eisenbahngesellschaft (RhE) von Osterath nach Dortmund Süd. Sie wurde erst nach den wichtigsten Strecken der Konkurrenzgesellschaften

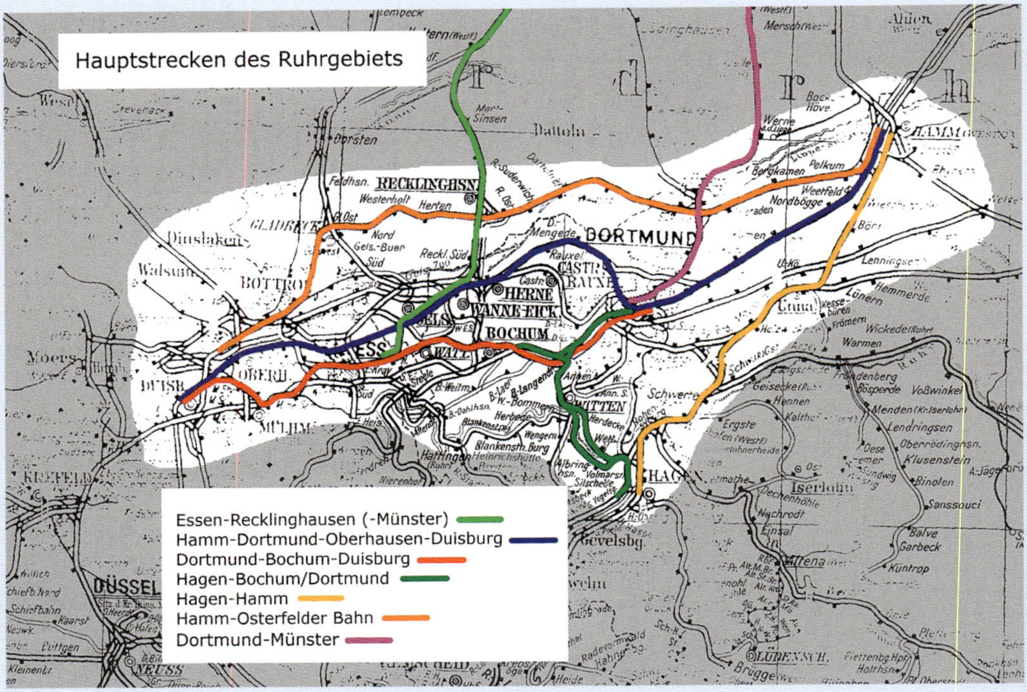

zwischen 1864 und 1866 in Betrieb genommen und ist heute weitgehend stillgelegt, Gleise wurden demontiert, die Trasse teilweise eingeebnet und an anderer Stelle als Radweg genutzt. Im Raum Bochum wird die Strecke der RhE allerdings noch als elektrifizierte Güterbahn und im Dortmunder Stadtgebiet für den S-Bahn-Verkehr genutzt. Angesichts der hoffentlich bevorstehenden Renaissance des Schienenverkehrs ist das Aufgeben einer einst durchgehend elektrifizierten Hauptstrecke im größten Ballungsraum Deutschlands kaum nachvollziehbar. Jüngste Hauptstrecke im Revier ist die am Nordrand von Hamm nach Gladbeck West(–Oberhausen-Osterfeld) führende 77 Kilometer lange Hamm-Osterfelder Bahn. Sie wurde am 1. Mai 1905 bereits von der Preußischen Staatsbahn eröffnet und erhielt sieben Jahre später ein zweites Gleis. Die Strecke diente in erster Linie der Verbindung der beiden Güterbahnhöfe in Hamm und Oberhausen unter Umgehung der überlasteten Ruhrgebietsstrecken. Fernverkehr hat es hier, abgesehen von Umleiterzügen zwischen Dortmund und Hamm, nie gegeben und auch der Nahverkehr war nie so dicht wie auf anderen Hauptstrecken des Ruhrgebiets. Am 29. Mai 1983 wurde der Personenverkehr zwischen Hamm und Gelsenkirchen-Buer-Nord eingestellt, westlich dieses Bahnhofs fuhren aber weiterhin Personenzüge in Richtung Dorsten (bis Gladbeck West) und Haltern.

Kurze Erwähnung finden soll auch noch die Ruhrtalbahn, die von der BME zwischen 1870 und 1876 von Düsseldorf-Rath über Essen-Kupferdreh, Hattingen, Hagen und Schwerte nach Warburg gebaut wurde. Der östlich von Hagen gelegene Teil wird heute noch stark befahren und im Kapitel über das Rheinische Schiefergebirge behandelt. Diese Strecke diente längs der unteren Ruhr in erster Linie der Kohleabfuhr und verlor ihre Bedeutung mit der Wanderung des Bergbaus in Richtung Norden. Zwischen Bochum-Dahlhausen und Hagen gibt es auf inzwischen eingleisiger Trasse noch Museumsverkehr, zwischen Düsseldorf und Essen werden Teile von der S-Bahn genutzt, andere Streckenabschnitte sind abgebaut worden.

Früher wie heute sucht man auf der Hamm-Osterfelder Bahn Fernverkehr vergeblich. Im Gegenteil, 1983 wurde – wie bereits erwähnt – sogar der regionale Personenverkehr östlich von Gelsenkirchen-Buer-Nord aufgegeben. Seit September 2020 wird nun aber wieder das Streckenstück zwischen Gelsenkirchen-Buer-Nord und Recklinghausen im Personenverkehr genutzt. Züge der Linie S 9 verkehren abwechselnd über Marl nach Haltern oder aber auf der Hamm-Osterfelder Bahn nach Recklinghausen, vorläufig allerdings noch ohne Zwischenhalt, denn die drei vorgesehenen Haltepunkte in Gelsenkirchen-Buer-Nord, Herten und Westerholt müssen noch ausgebaut werden. So dient die Strecke nach wie vor in erster Linie dem überregionalen Güterverkehr. Auch auf der Hauptstrecke von Hagen nach Dortmund und Bochum gab es sowohl zu Beginn des Zweiten Weltkriegs als auch knapp 20 Jahre später nur relativ wenig Fernverkehr. Allerdings liefen hier zwischen Dortmund und Hagen 1958 sowohl die gekuppelten F 7/8 und F 27/28 (Dortmund–Basel) der „Rheinblitz"-gruppe als auch F 33/34 „Gambrinus" aus der Gruppe der höherwertigen Fernzüge. Acht Jahre vor dem Ende der Bundesbahnzeit war der Fernverkehr auf dem Dortmunder Streckenast erheblich angewachsen, während die Fahrplantabellen in Richtung Bochum nur vier D-Zugpaare ausweisen. 40 Fernverkehrszüge liefen 1985 an Werktagen über die heute nur noch dem S-Bahn-Verkehr dienende Strecke über Barop, die 1988 durch die Neubaustrecke „Kurve Langendreer" abgelöst wurde. Heute ist der in Richtung Bochum führende Streckenast wieder ohne Fernverkehr, die „Kurve Langendreer" wird aber von vier Fernverkehrslinien mit zahlreichen täglich verkehrenden IC- und ICE-Zügen genutzt. Wesentlich mehr Fernverkehr gab es zu Beginn des Zweiten Weltkriegs auf den übrigen Hauptstrecken des Ruhrgebiets, obwohl die FDt-Züge nach Berlin Stadtbahn, die mit den neuen SVT 137 gefahren worden waren, zu Beginn des Krieges eingestellt wurden. Zahlreiche D-Züge in dieser Zeit hatten Köln und Berlin als Ausgangs- und Endpunkt. Auch verließen manche Fernzüge die Strecke Hagen–Hamm in Richtung Kassel bereits in Unna, während die Kasseler Fernzüge heute ausschließlich von Hamm aus in Richtung Paderborn rollen. Auch gab es Fernzüge, die die Köln-Mindener Bahn in Wanne-Eickel verließen, um über Recklinghausen in Richtung Münster zu fahren. Diesen Fahrweg nutzten natürlich auch schon damals die Fernzüge, die von Essen aus nach Norddeutschland verkehrten. 1958 war die Köln-Mindener Bahn erheblich stärker durch Fernverkehrszüge belegt. Das betraf besonders die Abschnitte Duisburg–Oberhausen, Gelsenkirchen–Wanne-Eickel und Dortmund–Hamm, weil hier zu den über die Gesamtstrecke laufenden Zügen noch weitere hinzukamen, die in Richtung Emmerich, von Essen nach Norddeutschland oder von Dortmund aus Richtung Hagen fuhren. Auch in diesem Jahr war aber die südlich verlaufende BME-Strecke Dortmund–Duisburg mit 49 täglichen Fernzügen die wichtigste Hauptstrecke des Ruhrgebiets.

1985 suchte man IC-Verkehr auf der Strecke von Hagen nach Hamm über Unna vergeblich, weil die Intercity-Züge alle über Dortmund liefen. Bei den auf dieser Strecke eingesetzten Fernzügen handelte es sich ausschließlich um D-Züge, die zum Teil bereits in Schwerte auf die Obere Ruhrtalbahn wechselten oder in Unna den gegenüber dem Umweg über Hamm kürzeren Weg Richtung Paderborn/Braunschweig/Göttingen nahmen. Auch in diesem Jahr war die Köln-Mindener Bahn besonders auf den Abschnitten Duisburg–Oberhausen mit Fernzügen nach Amsterdam, Gelsenkirchen–Wanne-Eickel mit den von Essen aus nach Norddeutschland verkehrenden Fernzügen und Dortmund–Hamm stark durch Fernverkehrszüge belegt. Den zuletzt genannten Teil der Strecke betraf das mit nicht weniger als 70 Fernzügen. Ähnlich stark von Fernverkehrszügen befahren war die ehemalige BME-Strecke Dortmund–Essen–Duisburg mit werktäglich fast 70 Fernzügen. So ist es nicht verwunderlich, dass die S-Bahn-Linie S 1, die am 26. Mai 1974 zwischen Duisburg und Bochum und am 25. September 1983 zwischen Bochum und Dortmund eröffnet wurde, auf eigenen Gleisen fährt und zwischen Dortmund-Dorstfeld und Dortmund-Sonneborn sowie zwischen Bochum und Essen abseits der BME-Stammstrecke verkehrt.

Heute herrscht auf den Magistralen zwischen Ruhr und Lippe dichter IC- und ICE-Verkehr. Besonders rege ist der Fernverkehr auf der ehemaligen BME-Strecke zwischen Dortmund und Duisburg. Hier verkehren auf Teilstücken bis zu vier IC- und acht ICE-Linien, darunter auch die Linie ICE 1 als Sprinter zwischen Köln und Hamburg. Auf der ehemaligen CME-Strecke Dortmund–Duisburg über Gelsenkirchen gibt es erheblich weniger Fernverkehr, Ausnahmen bilden die Abschnitte Wanne-Eickel–Gelsenkirchen und Hamm–Dortmund. Zwischen Wanne-Eickel und Gelsenkirchen verkehren zwei IC- und fünf ICE-Linien (IC 30,35/ICE 1, 30, 32, 35, 39), weil hier – wie auch schon in früheren Jahren – die von Essen nach Norddeutschland geführten Fernzüge die ehemalige CME-Strecke nutzen, um ab Wanne-Eickel in Richtung Münster zu fahren. Ebenfalls sieben Fernzuglinien gibt es zwischen Hamm und Dortmund. Westlich von Gelsenkirchen können Fahrgäste lediglich eine IC- und zwei ICE-Linien nutzen. Zwischen Duisburg und Oberhausen kommt allerdings die von Frankfurt nach Amsterdam führende Linie 78 hinzu. Ergänzend sei noch erwähnt, dass mit Einführung der IC-Linie 34 im Dezember 2021 auch die Strecke Schwerte–Unna–Hamm durch zwei Zugpaare dieser Linie wieder Fernverkehr aufweist. Als ausländischer Fernverkehrszug befährt der französische Thalys (Eurostar) von Dortmund aus die ehemalige BME-Strecke.

Der aktuelle regionale Schienenverkehr des Ruhrgebiets wird geprägt durch sechs S-Bahn-Linien, von denen nur die S 4 (Unna–Dortmund-Lütgendortmund) keine der hier behandelten Hauptstrecken befährt. Weitere 14 Regionalexpresslinien nutzen kürzere oder längere Abschnitte der Hauptstrecken im Revier. Auch hier wird die überragende Bedeutung der ehemaligen BME-Strecke Dortmund–Duisburg deutlich. Auf dem Streckenabschnitt zwischen Mülheim und Essen wird sie von nicht weniger als sechs RE-, zwei S-Bahn- und einer Regionalbahnlinie befahren. Ab Essen-West kommen noch je eine RE- und S-Bahn-Linie hinzu. Weitere hoch frequentierte Teilstrecken sind Essen–Bochum (4 RE, 1 RB), Duisburg–Oberhausen (4 RE, 2 RB), Gelsenkirchen–Wanne-Eickel (3 RE, 2 RB und 1 S) und Dortmund–Hamm (3 RE). Die über Dortmund und Essen verkehrenden RE 1 (Hamm–Aachen), RE 6 (Minden–Köln) und RE 11 (Kassel–Düsseldorf) sowie RE 4 (Dortmund–Aachen über Hagen und Wuppertal) und RE 5 (Wesel–Koblenz über Oberhausen und Duisburg) gehören zum Vorlaufbetrieb des geplanten RRX-Netzes, mit dessen geplanten sieben Linien die wichtigen Städte des Landes besser verbunden werden sollen. Zwischen Köln und Dortmund und damit auf der wichtigsten Ruhrgebietsmagistrale zwischen Duisburg und Dortmund soll ein 15-Minuten-Takt erreicht werden. Ergänzt wird das RE-Angebot auf den Hauptstrecken des Ruhrgebiets durch zahlreiche Regionalbahnen.

Am 20. April 1983 wartet die blaue 110 159 in Hagen Hbf auf Ausfahrt in Richtung Wuppertal.

In der Nähe von Westhofen ist die Strecke von Hagen nach Schwerte viergleisig. Vermutlich auf dem Weg nach Hagen-Vorhalle ist am 29. September 1984 die noch in der ursprünglichen Farbe lackierte 151 015.

Am 17. Februar 2007 ist 189 035 mit einem Güterzug bei Unna in Richtung Süden unterwegs.

Vorweihnachtliche Stimmung wollte beim Fotografen nicht aufkommen, als am trüben 22. Dezember 1990 141 294 mit drei n-Wagen in drei Farbvarianten im Hauptbahnhof von Gelsenkirchen einlief. ►

Kurzer Zwischenstopp der 120 156 am 7. Januar 1994 in Recklinghausen, bevor es auf der Fahrt von Münster in Richtung Essen Hbf weitergeht.

155 143 passiert am 29. April 2011 auf Solofahrt die Kokerei in Bottrop.

DB Cargo

103 212 läuft am 4. April 1991 mit einer bunt gemischten Wagengarnitur in den Dortmunder Hauptbahnhof ein.

ET 7.08 der Eurobahn verlässt auf der Köln-Mindener Bahn am 20. Mai 2012 den Hauptbahnhof von Dortmund.

Am 29. März 1997 schiebt 111 144 einen Wendezug aus n-Wagen aus dem Bahnhof Wanne-Eickel in Richtung Gelsenkirchen.

Am 21. April 2020 war noch das Unternehmen Abellio mit dem Betrieb der Regionalbahn auf der Köln-Mindener Bahn betraut (Essen-Katernberg).

Während auf der „Langendreerer Kurve" ein IC aus Richtung Dortmund heranrauscht, kommt der Güterzug mit 150 139 aus Bochum (15. August 2001).

Den Ruhrviadukt bei Witten befahren in der Regel nur Güterzüge. Wegen der Sperrung der parallel verlaufenden Hauptstrecke Hagen–Witten konnte am 30. April 2007 dieser Wendezug auf der Brücke abgelichtet werden.

Am Fernbahnsteig des Bochumer Hauptbahnhofs wartet am 29. März 1997 103 193 mit einem Intercityzug nach Dortmund auf Ausfahrt.

110 152 erreicht mit einem Nahverkehrszug am 27. Mai 2000 den Bahnhof Kamen an der Strecke von Hamm nach Dortmund.

Nach der Wende waren im Ruhrgebiet für mehrere Jahre die ehemaligen Reichsbahnloks der Reihe 143 im S-Bahn-Verkehr eingesetzt (Mülheim/Ruhr, 7. November 1998).

Westlich des Bochumer Hauptbahnhofs trennen sich die Gleise der S-Bahn (links) von denen des übrigen Personenverkehrs. 146 262 ist hier am 21. April 2020 mit einem Regionalexpress auf dem Weg in Richtung Dortmund.

Die im Krieg zerstörte Bahnhofshalle von Essen Hbf wurde nicht wieder aufgebaut. 110 396 steht am 26. März 1994 abfahrbereit an einem der mit modernen Dächern ausgestatteten Bahnsteige des Bahnhofs.

111 116 in S-Bahn-Farben am 21. Juni 1987 vor einem Nahverkehrszug in Duisburg Hbf.

Der nördliche Teil des Bundeslandes Nordrhein-Westfalen, das Münsterland, wird im Süden durch die Mittelgebirgsschwelle sowie im Nordosten und Osten durch Teutoburger Wald und Eggegebirge begrenzt. Wichtigster Bahnknotenpunkt dieser Region ist Münster. In den Hauptbahnhof der „heimlichen Hauptstadt“ Westfalens münden von Süden her die Hauptstrecken aus (Essen–)Wanne-Eickel, Dortmund und Hamm, die nach Norden in Richtung Rheine/Norddeich Mole und Osnabrück/Bremen/Hamburg weiterführen. Zwei weitere Hauptstrecken haben Hamm als Ausgangspunkt und führen in Richtung Bielefeld/Minden(–Hannover) und Paderborn/Warburg(–Kassel). Die einzige Hauptstrecke dieser Region ohne Kontakt zu diesen beiden wichtigen Bahnhöfen ist die Ost-West-Verbindung von Minden über Löhne, Osnabrück und Bad Bentheim nach Enschede, die zwischen Bünde und Osnabrück noch den südlichen Zipfel von Niedersachsen durchquert.

Keimzelle des Eisenbahnverkehrs in der Münsterschen Bucht war der Bahnhof von Hamm. Von hier aus eröffnete die Cöln-Mindener Eisenbahngesellschaft als Verlängerung ihrer von Köln herangeführten Bahn am 15. Oktober 1847 die Strecke Hamm–Minden. Auch wegen des in den Jahren zwischen 1909 und 1916 erfolgten viergleisigen Ausbaus ist diese Hauptstrecke eine der wichtigsten Magistralen des gesamten Bundeslandes. Da die CME ihre

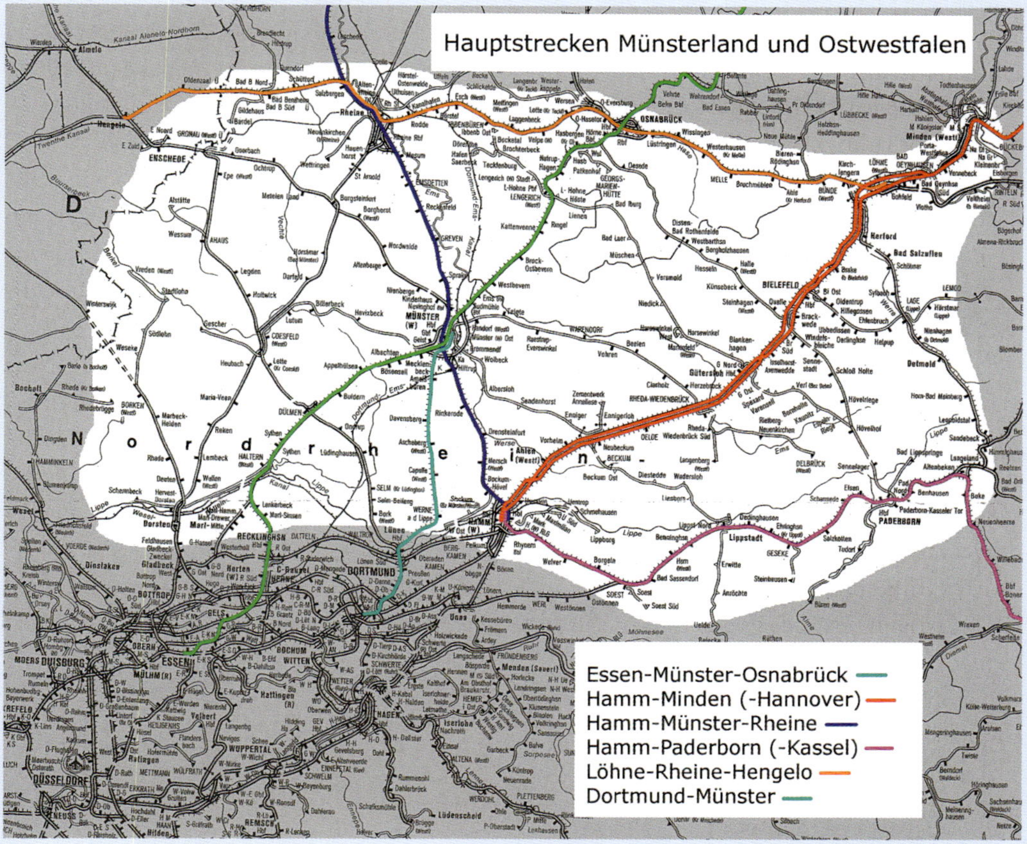

Strecke Köln–Minden über Hamm gebaut hatte, eröffnete ein Jahr später (26. Mai 1848) die Münster-Hammer Eisenbahn (MHE) eine Stichstrecke von Münster nach Hamm, die 1856 von der Königlich Westfälischen Eisenbahngesellschaft (KWE) als Nachfolgerin der MHE nach Norden in Richtung Rheine verlängert wurde. Auch eine weitere bedeutende Hauptbahn aus diesen frühen Jahren der Eisenbahn nahm in Hamm ihren Ausgang. Vom 1. Oktober 1850 an rollten die Züge der KWE zwischen Hamm und Paderborn, drei Jahre später, am 22. Juli 1853, war Warburg erreicht, von wo aus bereits seit 1851 eine Bahnverbindung an die Landesgrenze zu Kurhessen bestand. Die weiteren Hauptstrecken, die heute in den Münsteraner Hauptbahnhof münden, sind erst später entstanden.

In der zweiten Hälfte des 19. Jahrhunderts war eine überregionale Bahnlinie von Hamburg nach Paris geplant, deren nördlicher Abschnitt von Hamburg nach Venlo führen sollte und als Hamburg-Venloer Bahn bekannt wurde. Die Strecke führte von Hamburg über Bremen, Osnabrück, Münster und Haltern nach Wesel, wo auf einem Viadukt der Rhein auf dem Weg nach Venlo überquert wurde. Der Abschnitt zwischen Haltern und Venlo diente allerdings nur bis zum Ersten Weltkrieg dem Fernverkehr, hatte danach lediglich regionale Bedeutung und wurde später stillgelegt und abgebaut. Die mit dem Bau betraute CME hatte sich damals allerdings ausbedungen, von Haltern aus eine Zweiglinie zur Stammstrecke der Gesellschaft in Wanne zu errichten. Eröffnet wurden die beiden nordrhein-westfälischen Teilstrecken am 1. Januar 1870 (Wanne–Münster) und am 1. September 1870 (Münster–Osnabrück). Sie bilden heute zusammen mit der Fortsetzung der Strecke von Osnabrück nach Hamburg die wichtigste Bahnstrecke zwischen dem Ruhrgebiet und Norddeutschland. Erst in der Zwischenkriegszeit entstand die jüngste Hauptstrecke des Münsterlandes, die vom Abzweig Preußen der Strecke Dortmund–Enschede nach Münster führt. Von der Deutschen Reichsbahn-Gesellschaft geplant, um auf dem Weg von Dortmund nach Münster den Umweg über Hamm einzusparen, ging die eingleisige und kreuzungsfrei errichtete Hauptbahn am 18. Oktober 1928 in Betrieb.

Im Gegensatz zu heute waren für den Fernverkehr zu Beginn des Zweiten Weltkriegs lediglich die „Rollbahn" Osnabrück–Münster–Wanne und die viergleisige Hauptbahn von Hamm nach Minden von großer Bedeutung. Hier verkehrten täglich zahlreiche D-Züge neben dem FD-Zugpaar FD 21/22 Köln–Berlin Stadtbahn. Weniger umfangreich war der Fernverkehr auf der West-Ost-Verbindung zwischen (Minden–)Löhne und Bentheim, zwischen Hamm und Münster sowie auf der von Hamm nach Paderborn und Warburg führenden Hauptstrecke. Für den überregionalen Verkehr unbedeutend war elf Jahre nach ihrer Eröffnung die eingleisige Strecke von Münster nach Dortmund mit nur einer D-Zugverbindung. Knapp 20 Jahre später gab es Fernverkehr in Form von D-Zügen auf allen hier behandelten Hauptstrecken, allerdings in unterschiedlichem Umfang. Weitgehend mit Eilzügen bedient wurde 1958 die Strecke von Warburg nach Hamm. Hoch belastet waren wiederum die „Rollbahn" und die Hauptstrecke Hamm–Minden. Neben zahlreichen Schnellzügen verkehrten hier in diesem Jahr auch mehrere F-Züge, wobei die Strecke in Richtung Hamburg eine weit größere Zahl dieser hochwertigen Reisezüge aufzuweisen hatte. Ein gutes Vierteljahrhundert später waren ebenfalls zahlreiche internationale Züge auf den Hauptstrecken des Münsterlandes unterwegs. Im Intercityverkehr war auf der Strecke in Richtung Hamburg wochentags ein Zweistundentakt eingerichtet.

Stundentakt gab es auf der Strecke nach Hannover, wo fast alle Züge endeten oder begannen. Die 1967 elektrifizierte eingleisige Hauptbahn Dortmund–Münster war 1985 im Gegensatz zu früheren Jahren zu einer Fernverkehrsstrecke geworden, auf der Intercityzüge im Stundentakt liefen. Ohne hochwertigen IC-Verkehr waren Mitte der 1980er-Jahre die Hauptstrecken von Löhne über Bad Bentheim in die Niederlande und von Hamm über Warburg in Richtung Kassel. Reisende auf diesen Strecken mussten mit den damals noch unterhalb des IC-Angebots angesiedelten D-Zügen vorliebnehmen.

Aktuell (2023) werden die meisten Hauptstrecken des Münsterlandes und Ostwestfalens von ICE- oder zumindest von IC-Zügen bedient. Auch die bisher ohne Fernverkehr betriebene Strecke von Hamm nach Münster wird seit Dezember 2021 von der neu eingerichteten IC-Linie 34 (Frankfurt–Münster) mit zwei Zugpaaren täglich befahren, die anderen Züge dieser Linie verkehren nach Dortmund. Etwas mehr Fernverkehr gibt es zwischen Hamm und Warburg, wo täglich ein ICE- (Köln–München) und drei IC-Paare (Köln–Gera/Erfurt und Düsseldorf–Leipzig) verkehren. Wesentlich dichter ist der Fernverkehr auf der ehemaligen Köln-Mindener Bahn mit drei im Takt verkehrenden Linien: ICE 10 (Berlin-Ostbahnhof–Aachen/Koblenz), ICE 14 (Berlin-Ostbahnhof–Düsseldorf) und IC 55 (Dresden–Köln). Gleich drei ICE-Linien befahren die „Rollbahn“ von Osnabrück nach Münster, die, von Hamburg kommend, als ICE 30 nach Stuttgart, als ICE 39 nach Köln und als ICE 42 nach München weiterfahren. Neben dem bereits erwähnten IC 34, der einmal pro Tag über Münster hinaus die Emslandstrecke befährt, laufen hier auch noch die Züge der Linie IC 35, die südlich von Münster über Gelsenkirchen das Rheinland erreichen und zum Teil nach Stuttgart oder Frankfurt fahren. Inzwischen hat auch die Ost-West-Strecke zwischen Löhne und den Niederlanden wieder Fernverkehr. Die IC-Linie 77 verbindet im Zweistundentakt Berlin-Ostbahnhof mit Amsterdam in den Niederlanden.

Im Regionalverkehr wird auf fast allen hier vorgestellten Hauptstrecken mindestens je eine Regionalexpress- und Regionalbahnverbindung angeboten. Nur zwischen Dortmund und Münster gibt es neben den Fernverkehrslinien nur eine einzige Regionalbahnlinie, weil die eingleisige Strecke nicht mehr Verkehr zulässt. Zumindest zwischen Münster und Werne, also auf 30 von 45 Kilometern, soll nach neueren Meldungen in Zukunft aber diese wichtige Fernverkehrsstrecke zweigleisig ausgebaut werden. Dort, wo untergeordnete Regionalbahnlinien noch abschnittsweise auf Hauptstrecken verkehren, ist das regionale Zugangebot sehr hoch. So verkehren zwischen Münster und Rheine sowie Rheda-Wiedenbrück und Brackwede drei Linien des regionalen Schienenverkehrs. Noch dichter ist der regionale Zugverkehr zwischen Brackwede und Herford mit fünf und weiter in Richtung Minden mit immerhin noch vier Regionalbahn- oder Regionalexpresslinien. Ebenfalls fünf Linien des Regionalverkehrs gibt es zwischen Paderborn und Altenbeken; bis hierher führt sogar die S 5 des S-Bahn-Netzes Hannover. Insgesamt verkehren auf den Hauptstrecken im Münsterland und Ostwestfalen acht Regionalexpress- und 13 Regionalbahnlinien. Neu hinzukommen soll in Kürze eine Linie RE 41 von Haltern am See nach Bochum im Ruhrgebiet.

Auf der Strecke Essen–Münster verkehren Fernzüge des Typs IC2. Mit dem Steuerwagen voraus passiert ein solcher Zug auf der Fahrt in Richtung Münster am 15. Mai 2020 den Fotografen bei Hangenau.

Auf dem Weg nach Münster Hbf passiert ein „Flirt" der Westfalenbahn am 9. Februar 2008 den Bahnhof Lengerich. ▸

In der Nähe von Ostbevern auf der „Rollbahn" vom Ruhrgebiet nach Hamburg ist 151 074 am 4. Juni 2010 mit einem Containerzug unterwegs.

Von Rheine nach Münster unterwegs ist der von einer Lok der Reihe 111 gezogene Doppelstockzug am 9. Februar 2008 bei Greven im Münsterland.

Viele Jahre waren von Münster Hbf aus in Richtung Bielefeld die Triebwagen der Reihen 624/634 unterwegs. Am 28. Dezember 1991 hat 624 668 die Aufgabe, Fahrgäste in Richtung Ostwestfalen zu befördern.

◂ Etwas weiter südlich, zwischen Münster und Hamm, befördert am 13. Juli 2009 111 126 einen Regionalexpress bei Rinkerode in Richtung Münster.

E

Auf den Gütergleisen der viergleisigen Magistrale Hamm–Minden zieht 155 101 am 22. März 2013 einen Güterzug bei Bad Oeynhausen in Richtung Minden. Auf dem anderen Gleispaar rauscht schon ein Intercity in Richtung Hannover heran.

In der Nähe von Ahlen ist ein „Flirt" der Eurobahn am 21. März 2009 auf dem Weg über Hamm nach Münster.

Bei Velpe wird am 14. Mai 2016 die Strecke Rheine-Osnabrück noch durch Formsignale gesichert. 101 128 kommt aus den Niederlanden und hat Hannover als Ziel.

◂ 101 018 passiert am 1. April 2013 auf der Fahrt in Richtung Hamm den Bahnhof Minden.

Bei Bünde schiebt 146 125 am 1. April 2013 ihren Zug in Richtung Osnabrück.

151 058 hat am 2. März 2021 bei Borgeln im flachen Münsterland keine Mühe, ihren Güterzug in Richtung Soest/Paderborn zu befördern.

232 502 am 24. April 2013 mit einem Schotterzug bei Herringhausen zwischen Lippstadt und Hamm.

Ein Triebwagen der Reihe 425 überquert am 26. Juni 2019 das bekannte Brückenbauwerk in Altenbeken.

Mitte der 1990er-Jahre waren auf der Strecke Münster–Dortmund im Nahverkehr Loks der Reihe 141 eingesetzt. 141 451 hält am 6. Januar 1995 auf Gleis 3 im Bahnhof Davensberg, um Fahrgäste in Richtung Dortmund aufzunehmen.

Die Intercitystrecke von Münster nach Dortmund wurde 1967 elektrifiziert und ist (noch) eingleisig. Am 3. Januar 1995 rauscht 103 227 ohne Halt durch den Bahnhof von Capelle. Der auf dem linken Gleis wartende Nahverkehrszug hat deshalb Hp0.

Der Südwesten des Landes Nordrhein-Westfalen, insbesondere aber der Süden und Südosten, also der Raum, der von den Flüssen Sieg, Rhein und Ruhr begrenzt wird, ist als Teil des Rheinischen Schiefergebirges ein Mittelgebirgsland mit einer Höhe von bis zu 843 Metern über NN (Langenberg/Sauerland), das dem Eisenbahnbau im 19. Jahrhundert erhebliche Schwierigkeiten bereitete. Aus diesem Grund ist die Anzahl der Hauptbahnen ziemlich gering. In der Eifel, deren nördlichste Ausläufer nach Nordrhein-Westfalen hineinreichen, fällt nur die Regionalexpressstrecke von Köln nach Trier in diese Kategorie. Aber selbst diese Strecke, die in Kalscheuren von der linken Rheinstrecke abzweigt und in Ehrang auf die Moselbahn trifft, ist teilweise nur eingleisig und auch nicht elektrifiziert. Dies soll sich allerdings bis 2028 ändern. Bis dahin soll die Eifelstrecke im Zuge des Wiederaufbaus nach der Flutkatastrophe 2021 durchgängig Fahrdraht erhalten. Zwei Hauptbahnen weist das Bergische Land auf. Im Süden trennt die seit dem Zweiten Weltkrieg ebenfalls teilweise eingleisige Siegstrecke das Bergische Land vom Westerwald im Süden und im Norden des Berglandes verläuft mit der Hauptstrecke von Düsseldorf und Köln nach Dortmund über Wuppertal und Hagen eine der wichtigsten Bahnlinien Deutschlands. Das weiter östlich gelegene Sauerland und das sich südlich daran anschließende

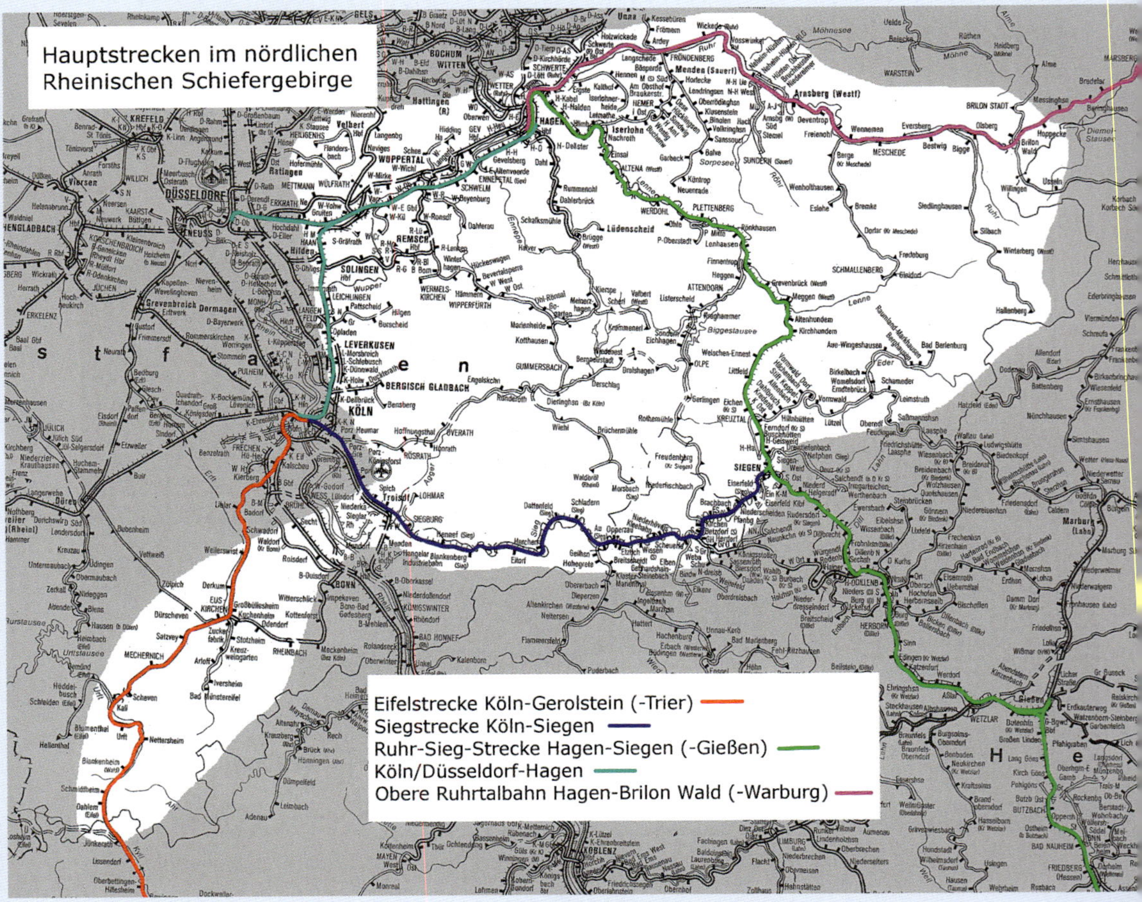

Rothaargebirge erschließen ebenfalls zwei Hauptstrecken. Nördlich, entlang der oberen Ruhr, verläuft die nicht elektrifizierte Obere Ruhrtalbahn von Schwerte nach Warburg, die östlich von Brilon Wald ihr zweites Streckengleis verloren hat, und von Hagen aus nach Süden führt durch Sauerland und Rothaargebirge die Ruhr-Sieg-Strecke Hagen–Siegen(–Gießen).

Der Eisenbahnbau begann in dieser topographisch ungünstigen Region trotzdem schon recht früh. Bereits vier Jahre nach Eröffnung der ersten deutschen Eisenbahn zwischen Nürnberg und Fürth eröffnete die Düsseldorf-Elberfelder Eisenbahngesellschaft ihre Strecke von Düsseldorf nach Erkrath am Rande des Bergischen Landes. Durch diese Linie sollte die industriereiche Region im Raum Elberfeld erschlossen werden. Drei Jahre später war der Ortsteil Elberfeld der heutigen Stadt Wuppertal erreicht. Auf diesem Streckenstück liegt die Steilstrecke Erkrath–Hochdahl, auf der die Züge zunächst mit einer stationären Dampfmaschine, bald darauf aber und noch bis 1926 mittels Kette und Umlenkrolle von bergab laufenden Lokomotiven auf die Höhe nach Hochdahl hinaufgezogen wurden. Danach übernahmen Schiebelokomotiven bis zur Elektrifizierung 1963/64 diese Aufgabe. Der Rest der Strecke von Elberfeld bis Dortmund konnte 1848 durch die Bergisch-Märkische Eisenbahngesellschaft (BME) eingeweiht werden, die einige Jahre später auch die Gründergesellschaft übernahm. Von Gruiten aus baute diese Eisenbahngesellschaft zwischen 1867 und 1872 einen Abzweig in Richtung Deutz (heute Köln-Deutz). Die übrigen Hauptstrecken des Berglandes sind erheblich jüngeren Datums. 1859 wurden die ersten Teilstücke der Siegstrecke (Deutz–Hennef / Cöln-Mindener Eisenbahngesellschaft), die über Betzdorf und Haiger nach Gießen führen sollte, und der Ruhr-Sieg-Bahn (Hagen–Letmathe / BME) eröffnet. Bereits zwei Jahre später erreichte die BME-Strecke den Endpunkt Siegen. Im selben Jahr eröffnete die CME die kurze Strecke von Betzdorf nach Siegen, ein Jahr später dann den Rest der Siegstrecke zwischen Hennef und Betzdorf. 1864 begann der Bau der Eifelbahn mit dem Streckenstück Düren–Euskirchen, die sieben Jahre später bis Ehrang durchgängig befahrbar war. 1875 wurde die Eifelbahn von Kalscheuren aus mit der linken Rheinstrecke verbunden, über diese Strecke verläuft schon lange der Durchgangsverkehr dieser ehemaligen D-Zug-Strecke. Die ursprüngliche Linienführung von Euskirchen aus in Richtung Düren verlor immer mehr an Bedeutung, wurde zur Nebenbahn herabgestuft und verlor später sogar ihren Personenverkehr. Erst seit kurzer Zeit verkehren hier wieder Regionalbahnen, die aber nicht über Euskirchen hinaus laufen. Jüngste der Hauptstrecken des Berglandes ist die Obere Ruhrtalbahn, die von Schwerte an der Strecke Hagen–Unna aus in den Jahren 1870 bis 1873 errichtet wurde.

Auf drei der hier vorgestellten Hauptstrecken des Rheinischen Schiefergebirges gibt es aktuell keinen Personenfernverkehr. Das war früher anders. Das Kursbuch des Jahres 1939 weist für die Eifelstrecke mit D 159/160 und D 155/156 zwei D-Zug-Paare zwischen Köln und Trier nach, zwischen Siegen und Hagen waren D-Züge zwischen Frankfurt, Essen und Dortmund unterwegs und das obere Ruhrtal bedienten D-Züge von Köln nach Leipzig und von Düsseldorf nach Berlin. Überhaupt war die Obere Ruhrtalbahn vor dem Zweiten Weltkrieg eine außerordentlich wichtige Eisenbahnstrecke im Ost-West-Verkehr. Nach der Spaltung Deutschlands und der Umkehrung der wichtigen Verkehrsströme in die Nord-Süd-Richtung verlor die Strecke durch das Ruhrtal zunehmend an Bedeutung. Der im Krieg zerstörte Güterbahnhof Geisecke bei Schwerte wurde später nicht wieder aufgebaut, das Areal bedeckt heute ein ausgedehntes Gehölz. Auch die Siegstrecke wies früher höherwertigen Reisezugverkehr auf. Das Kursbuch des Jahres 1958 nennt D-Züge von Frankfurt nach Aachen, Düsseldorf und Oberhausen und von Kassel über Gießen und Siegen nach Köln. Selbst in den späten Jahren der Deutschen Bundesbahn gab es auf diesen heute nur noch im Regionalverkehr bedienten Hauptstrecken noch in erheblichem Umfang höherwertigen Reisezugverkehr, zwar nicht in Form von Intercity-Zügen, aber immerhin als D-Züge. Im Sommer 1985 verkehrten auf der Ruhr-Sieg-Strecke nicht weniger als 22 Züge dieser Gattung. Auch die Siegstrecke (11 D-Züge) und die Obere Ruhrtalbahn (7 D-Züge) wurden im Fernverkehr noch häufig befahren. Lediglich die Eifelstrecke mit nur drei D-Zügen zwischen Trier und Münster/Emden hatte in diesem Jahr bereits den meisten Fernverkehr verloren. Für 20 Jahre ereilte dieses Schicksal auch die topographisch anspruchsvolle Hauptstrecke von Hagen nach Siegen, die auch im Güterverkehr immer eine bedeutende Rolle gespielt hat. 2001 wurde hier der Fernverkehr in Form einer zweistündlichen Interregio-Linie eingestellt. Heute ist diese Hauptstrecke neben der Linie durch das Bergische Land wieder die einzige des Rheinischen Schiefergebirges in Nordrhein-Westfalen, die von IC-Zügen befahren wird. Seit Dezember 2021 werden wieder Fernzüge zwischen Frankfurt und Dortmund/Münster eingesetzt, ein Zugpaar verkehrt sogar bis Norddeich Mole. Die Züge der neuen Linie IC 34 verkehren im Zweistundentakt. Einige laufen als „Sprinter" über Unna und Hamm. Fahrgäste dürfen mit den Nahverkehrsfahrscheinen im Bereich der Regionalexpresslinie diesen Zug nutzen, soweit es sich nicht um die Sprinterzüge handelt. Gemeinsam mit den ebenfalls zweistündlich fahrenden Regionalexpresszügen und den in der Zwischenstunde angebotenen Regionalbahnen von Hagen nach Siegen werden zwei Züge pro Stunde und Richtung angeboten, wobei alle Haltepunkte des Regionalexpresses bedient werden. In der Fahrplanlage des Sprinters, der zwischen Siegen und Letmathe nur in Lennestadt hält, wird der Fahrplan durch einen zusätzlichen Regionalexpresszug Letmathe–Siegen ergänzt. Um die durch eine Autobahnsperrung in Lüdenscheid entstandenen Verkehrsprobleme etwas zu entschärfen, verkehrt seit Dezember 2022 der zwischen den Intercityzügen eingeschobene RE 34 (Dortmund-Siegerland-Express) nach Dortmund, sodass aus dem Raum Siegen eine stündliche schnelle Verbindung ins östliche Ruhrgebiet besteht. Dieser Zug lief bisher als RE 16 von Siegen nach Essen und wurde in Letmathe mit einem zweiten Zug aus Iserlohn vereinigt. Diese Flügelung ist nun nicht mehr nötig, der Iserlohner Zug verkehrt allein als RE 16 Iserlohn–Essen.

Im Siegtal können die Fahrgäste einerseits den Regionalexpress 9 Aachen–Siegen nutzen, andererseits die S-Bahnen der Linien S 12 und S 19, die von Düren und Köln bis nach Hennef oder Au/Sieg verkehren. Hier besteht Anschluss an die Regionalbahnlinie 90 (Limburg–) Au–Siegen und von Betzdorf aus verkehrt noch die Regionalbahn 93 Betzdorf–Bad Berleburg. Auch auf Teilen der Oberen Ruhrtalbahn ist der Personenverkehr besonders zwischen Schwerte und Bestwig recht umfangreich. Im Stundentakt verkehren die Regionalexpresszüge RE 17 (Hagen–Warburg) und RE 57 (Dortmund–Winterberg/Willingen/Brilon), so ergibt sich ein Halbstundentakt zwischen Schwerte und Bestwig. Hinzu kommen saisonal verkehrende Züge, insbesondere nach Willingen. Auf der Eifelstrecke verkehren Regionalexpresszüge zwischen Köln Hbf und Trier Hbf (RE 12 und RE 22), während im Regionalbahnverkehr die von Köln kommenden Züge in Gerolstein (Rheinland-Pfalz) oder bereits in Kall enden (RB 24). Der Streckenteil bis Kall soll in das S-Bahn-Netz Rhein-Ruhr integriert werden. Das Jahrhunderthochwasser vom Juli 2021 hat allerdings zu katastrophalen Zerstörungen an der Eifelstrecke geführt und einige Triebwagen im Bahnhof Gerolstein eingeschlossen, die später über die zum Teil brach liegende Eifelquerbahn evakuiert werden konnten. Es ist überhaupt noch nicht abzusehen, wann hier wieder Züge verkehren können. Nach dem Wiederaufbau soll aber – wie bereits erwähnt – die gesamte Eifelstrecke Fahrdraht erhalten, ein zweigleisiger abschnittsweiser Ausbau wird geprüft. Auf der Ruhr-Sieg-Strecke, ebenfalls von starken Zerstörungen betroffen, konnte der Zugverkehr dagegen noch im Jahr 2021 wieder aufgenommen werden. Die Bahnstrecke von Köln und Düsseldorf nach Hagen und Dortmund ist derart dicht belegt, dass der örtliche Verkehr zwischen Schwelm und Gruiten über eigene Gleise verfügt. Östlich von Schwelm verlassen die S-Bahnen die ehemalige BME-Strecke und schwenken nach Norden, wo sie auf einem Reststück der ehemaligen Rheinischen Bahn bis Hagen Hbf weiterfahren, während die übrigen Züge die BME-Strecke nutzen. Alle Zugbewegungen auf dieser wichtigsten Hauptstrecke der Region zu dokumentieren, würde hier zu weit führen, deshalb sei ein Überblick gestattet. Im Regionalverkehr nutzen ganze oder Teile der Strecke drei S-Bahn- und drei Regionalexpresslinien, hinzu kommt eine Regionalbahnlinie. Im Fernverkehr wird die Strecke auf dem Kölner Streckenast stündlich von zwei IC- oder ICE-Zügen je Richtung befahren. Häufigste Ziele waren 2021 Berlin, Dresden und Köln, zahlreiche andere deutsche Städte werden von einzelnen oder mehreren Zügen angefahren. Im Ausland erreichten die Fernverkehrszüge Wien und Basel.

Die Kölner 215 134 steht am 2. April 1986 mit einer Garnitur vierachsiger Umbauwagen an Gleis 1 des Bahnhofs Euskirchen bereit zur Weiterfahrt auf der Eifelstrecke.

Als Regionalexpress Köln–Trier passieren am 7. März 2011 zwei Triebwagen der Reihe 643 das Hp1 zeigende Signal im Bahnhof Satzvey. ▸

18 Jahre später haben moderne Fahrzeuge den Verkehr auf der Eifelstrecke übernommen (Schmidtheim, 16. April 2004).

In Gruiten verzweigt sich die Strecke von Hagen in die Äste nach Düsseldorf (rechts) und Köln (links). Am 16. September 2007 schiebt eine „Bügelfalte" der Reihe 110 ihren Wendezug in Richtung Domstadt.

110 242 mit einem kurzen Nahverkehrszug in Wuppertal-Oberbarmen (9. April 1991). ▸

Am Rande des stillgelegten Güterbahnhofs verläuft in Wuppertal-Vohwinkel die Bahnstrecke von Hagen nach Düsseldorf und Köln, auf der am 16. September 2007 143 587 mit einem S-Bahn-Zug in Richtung Hagen unterwegs ist.

Am 9. April 1997 begegnet 103 122 dem Fotografen bei Hagen-Haspe auf dem Weg in Richtung Wuppertal.

Die im oberen Ruhrtal eingesetzten 218 gehörten zum Bw Hagen-Eckesey (Geisecke, 7. April 1986).

◄ Die Kasseler 216 200 befördert am 22. März 1986 den Eilzug von Hagen durch das Ruhrtal nach Nordhessen (Arnsberg).

218 140 trägt wegen ihres Einsatzes im S-Bahn-ähnlichen Verkehr auf der Oberbergischen Bahn das entsprechende Farbkleid, ist aber am 22. März 1986 im oberen Ruhrtal bei Arnsberg unterwegs.

Bis 2001 verkehrten auf der Ruhr-Sieg-Strecke Interregiozüge. Erst zwei Jahrzehnte später kehrte mit dem IC2 der Fernverkehr zurück auf die Strecke. Am 13. Februar 1995 befördert 110 204 ihren Fernzug bei Lasbeck in Richtung Siegen.

◄ Vom Schloss aus fällt der Blick auf das Viadukt in Arnsberg und den in Richtung Hagen fahrenden 648 (12. Juli 2005).

Zweiteiliger „Flirt“ von Abellio als Regionalbahn Hagen–Siegen am 6. Juli 2013 auf der Ütterlingser Lennebrücke bei Werdohl.

Drei verschieden lackierte n-Wagen befördert 140 270 am 30. Mai 1997 bei Grevenbrück auf der Ruhr-Sieg-Strecke in Richtung Siegen.

Genau in Flussmitte verläuft in Fürthen an der Siegstrecke die Landesgrenze. Während sich der hintere Führerstand noch in Rheinland-Pfalz befindet, hat der Rest des 648 bereits Nordrhein-Westfalen erreicht (14. Oktober 2007).

◂ 110 392 passiert am 30. Mai 1997 die damals noch vorhandenen Vorsignale im Bahnhof Finnentrop.

Güterzuglok der Reihe 151 am 4. Juni 2011 auf der Siegbrücke bei Eulenbruch (Strecke Köln–Siegen).

Um die Jahrtausendwende waren im Siegtal noch täglich Loks der Reihe 110 zu sehen. Die einstigen Stars des Fernzugverkehrs mussten sich allerdings inzwischen vor Nahverkehrszügen nützlich machen (Rosbach, 30. Dezember 1998).

2 Unternehmen

Wie bereits im Vorwort erwähnt, ist die Anzahl der Schienenfernverkehr anbietenden Unternehmen überschaubar. Neben der DB AG, die den IC- und ICE-Verkehr abwickelt, gibt es aber noch einige private Eisenbahnverkehrsunternehmen (EVU), die entweder nur auf einzelnen Linien operieren oder saisonal Züge des Fernverkehrs anbieten. FlixTrain GmbH (Tochtergesellschaft der FlixMobility GmbH) bietet Fernverkehr auf den Linien Hamburg–Münster–Gelsenkirchen–Essen–Köln und Leipzig/Berlin–Hannover–Dortmund–Duisburg–Köln/Aachen an, wobei der Betrieb durch die Internationale Gesellschaft für Eisenbahnverkehr (IGE) durchgeführt wird. Die Züge verkehren ein- bis zweimal täglich außer montags und dienstags. In Zusammenarbeit der belgischen, französischen und niederländischen Bahnen entstand das EVU Thalys International, dessen Züge auf den nordrhein-westfälischen Strecken durch Lokführer von Keolis gefahren werden. Die Züge dieses Unternehmens verbinden fünfmal pro Tag Dortmund über Köln und Aachen mit Brüssel und Paris. Train4you bietet sowohl im Sommer- als auch im Winterhalbjahr einmal pro Woche Fernzugfahrten auch mit Autotransport in Richtung Österreich/Norditalien an. Einige wenige dieser Züge verkehren in Nordrhein-Westfalen nachts über die Siegstrecke, die sonst keinen Personenfernverkehr mehr aufweist. Auch einige Nachtreisezüge der „Nightjet“-Linien der Österreichischen Bundesbahnen rollen über nordrhein-westfälische Hauptstrecken. Sie laufen zwischen Zürich, Innsbruck oder Wien und Amsterdam oder Brüssel.

Im regionalen Schienenpersonenverkehr ist die Anzahl der Eisenbahnverkehrsunternehmen wesentlich größer. Da gelegentlich nach neuen Ausschreibungen im Regionalverkehr Anbieter wechseln, sei erwähnt, dass sich alle folgenden Angaben auf das Fahrplanjahr 2022/23 beziehen. Auf verschiedene von den EVU eingesetzte Fahrzeuge wird in Kapitel 3 eingegangen. 12 Eisenbahnverkehrsunternehmen waren 2022/23 an allen regionalen Schienenverkehrsleistungen im Lande beteiligt. Wenn man die Unternehmen Rurtalbahn, SNCB, Arriva Personenvervoer Nederland, Regionalverkehre Start Deutschland und transregio außen vorlässt, die nicht oder nur auf sehr kurzen Distanzen Hauptstrecken in Nordrhein-Westfalen nutzen, bleiben folgende EVU übrig, die auf den Hauptstrecken unterwegs sind: DB Regio, Hessische Landesbahn, Keolis (Eurobahn), National Express, Nordwestbahn (ab 1.9.2022: Transdev Rhein-Ruhr), VIAS Rail und Westfalenbahn. Diese EVU sind mit verschiedenen Anteilen an den Schienenverkehrsleistungen auf nordrhein-westfälischen Hauptstrecken beteiligt, die wichtigen sollen hier vorgestellt werden.

„Platzhirsch“ mit dem größten Anteil an Fahrkilometern ist DB Regio AG, Region NRW, mit Sitz in Düsseldorf. Rechtsform dieses Unternehmens ist eine GmbH. DB Regio führt regionalen Schienenverkehr auf Hauptstrecken in allen Teilen des Landes Nordrhein-Westfalen durch und betreibt fast komplett die S-Bahn-Netze im Ruhrgebiet und im Raum Köln. Von den 29 Regionalexpresslinien des Landes werden allein elf von diesem Unternehmen bedient:

RE 2	Osnabrück–Düsseldorf
RE 8	Mönchengladbach–Koblenz
RE 9	Aachen–Siegen
RE 12/22	Köln–Gerolstein/Trier
RE 16	Essen–Siegen (seit 12/2022 Essen–Iserlohn)
RE 17	Hagen–Kassel-Wilhelmshöhe
RE 34	Dortmund–Siegen (seit 12/2022)
RE 42	Münster–Mönchengladbach
RE 49	Wuppertal–Wesel (Mo-Fr / S-Bahn Rhein-Ruhr)
RE 57	Dortmund–Winterberg/Brilon Stadt

Hinzu kommen noch 21 Regionalbahnlinien, von denen die meisten ganz oder zumindest teilweise auf nordrhein-westfälischen Hauptstrecken verkehren, sowie die von „Start", einem Tochterunternehmen der DB Regio AG, bediente RB 77 Bünde–Hildesheim. Ab 2025 wird DB Regio weitere Linien hinzugewinnen, die bisher von der Rhein-Ruhr-Bahn bedient wurden, aber nicht zu den hier vorgestellten Hauptstrecken gehören.

Regionalverkehre Start Deutschland hat 2022 den Zuschlag für die heute von der eurobahn bediente Linie RE 13 (Hamm–Venlo–Eindhoven) erhalten. Das Unternehmen wird diese Linie von 2026 an für gut 14 Jahre befahren. Alle fünf Linien des RRX-Vorlaufbetriebs werden von dem privaten EVU National Express Rail GmbH mit Sitz in Köln bedient. Die GmbH ist Teil der weltweit agierenden britischen National Express Group PLC, die mit National Express Südwest GmbH noch ein weiteres EVU in Süddeutschland besitzt. Insgesamt fährt die National Express Rail GmbH auf sechs nordrhein-westfälischen Regionalexpresslinien und darüber hinaus noch auf der Regionalbahnlinie 48 von Wuppertal-Oberbarmen nach Bonn-Mehlem:

RE 1	Hamm–Aachen (RRX-Vorlaufbetrieb)
RE 4	Dortmund–Aachen (RRX-Vorlaufbetrieb)
RE 5	Emmerich/Wesel–Koblenz (RRX-Vorlaufbetrieb)
RE 6	Minden–Köln (RRX-Vorlaufbetrieb)
RE 7	Rheine–Krefeld
RE 11	Düsseldorf–Kassel-Wilhelmshöhe (RRX-Vorlaufbetrieb)

Während National Express überwiegend Regionalexpresslinien bedient, ist die Eurobahn GmbH & Co. KG mit Sitz in Düsseldorf eher im Bereich Regionalbahnen unterwegs. Zwar werden mit RE 3 (Hamm–Düsseldorf) und RE 13 (Hamm–Venlo/bis 2026) auch zwei Regionalexpresslinien befahren, Schwerpunkt der Tätigkeit des Unternehmens ist aber der Zugverkehr auf insgesamt 13 Regionalbahnlinien im Norden und Nordwesten des Bundeslandes Nordrhein-Westfalen, wobei auch Teile von Hauptstrecken befahren werden. Die eurobahn war bis Ende 2021 Teil des überwiegend im Besitz der französischen Staatsbahn befindlichen Konzerns Keolis und ist heute ein eigenständiges Unternehmen.

Das Eisenbahnverkehrsunternehmen VIAS GmbH wurde 2005 von der Verkehrsgesellschaft Frankfurt (VGF) und der Rurtalbahn gegründet, um den Verkehr auf der Odenwaldbahn durchzuführen. 2010 übernahm eine Tochtergesellschaft der Dänischen Staatsbahn die Anteile der VGF. Seit 2018 befindet sich das Unternehmen vollständig im Besitz der Rath-Holding, die Schienenverkehrsleistungen in mehreren europäischen Ländern erbringt. Seit 2015 ist das Unternehmen auch in Nordrhein-Westfalen tätig und bedient heute die Regionalexpresslinie 19 (Arnhem/Wesel–Düsseldorf) sowie die Regionalbahnlinien 34 (Mönchengladbach–Dalheim), 35 (Gelsenkirchen–Mönchengladbach) und 39 (Düsseldorf–Bedburg).

Der größte Anbieter im Markt der regionalen Schienenverkehrsleistungen in Deutschland ist die Transdev GmbH, ein Unternehmen, das bis 2006 Connex Verkehr GmbH hieß und bis 2015 unter dem Namen Veolia Verkehr GmbH firmierte. Diese Gesellschaft, die mit zahlreichen Tochterunternehmen in verschiedenen Bundesländern Schienenpersonenverkehr anbietet, ist selbst ein Unternehmen der französischen Transdev-Gruppe. Eines der deutschen Tochterunternehmen ist die Nordwestbahn GmbH in Osnabrück, ein Unternehmen, das 1999 von Veolia Verkehr Regio, den Stadtwerken Osnabrück und der Oldenburger Verkehr und Wasser GmbH gegründet wurde. Züge der Nordwestbahn waren bis Ende August 2022 in Nordrhein-Westfalen mehrheitlich auf untergeordneten Strecken unterwegs, Ausnahmen bildeten der RE 10 (Düsseldorf Hbf–Kleve) und der RE 44 (Bottrop–Moers/Hauptstrecke Oberhausen–Duisburg). Seit dem 1. September 2022 fahren alle Nordwestbahnzüge in Nordrhein-Westfalen unter dem Markennamen RheinRuhrBahn der neuen Gesellschaft Transdev Rhein-Ruhr GmbH.

Die Hessische Landesbahn GmbH befindet sich im Besitz des Landes Hessen. Zwei verschiedene Tochterunternehmen erbringen die Verkehrsleistungen und stellen die Fahrzeuge. Das EVU ist in Nordrhein-Westfalen ausschließlich im Raum Siegen unterwegs und bedient Teilabschnitte der Hauptstrecken Köln–Siegen (RB 90 und RB 93 Abschnitt Au–Kreuztal), Siegen–Gießen (RB 95/RE 99 Abschnitt Siegen–Rudersdorf). Außerdem werden einzelne Leistungen auf der Ruhr-Sieg-Strecke erbracht.

Die Westfalenbahn GmbH ist ein Tochterunternehmen von Abellio Deutschland. Das Eisenbahnverkehrsunternehmen mit Sitz in Bielefeld wurde 2005 gegründet und ist seit 2007 auf den Schienen im nördlichen Nordrhein-Westfalen und südlichen Niedersachsen unterwegs. Alle von der Westfalenbahn bedienten Linien bedienen Stationen in beiden Bundesländern: RE 15 (Münster Hbf–Emden), RE 60 (Rheine–Braunschweig Hbf) und RE 70 (Bielefeld–Braunschweig).

Ausgeschieden in Nordrhein-Westfalen ist Anfang 2022 das Unternehmen Abellio Rail GmbH (bis 2020 Abellio Rail NRW GmbH), das insolvent war und seine Schienenverkehrsleistungen an DB Regio, National Express und VIAS Rail abgegeben hat. Die Betriebswerke des Unternehmens in Hagen-Eckesey und Duisburg wurden von VIAS Rail übernommen.

Weniger bekannt als das Altenbekener Viadukt ist das etwas kleinere Duneviadukt westlich von Altenbeken. Ein Elektrotriebwagen von DB Regio ist hier am 26. Juni 2019 auf dem Weg von Paderborn nach Altenbeken.

Früher eine wichtige D-Zug-Strecke in die Niederlande, ist die Hauptstrecke von Düsseldorf nach Kleve heute eine Stichbahn mit Regionalexpressverkehr, der von der Transdev Rhein-Ruhr durchgeführt wird (Geldern, 21. Februar 2018).

◄ Zu den wichtigsten Bahnstrecken in Nordrhein-Westfalen zählt die BME-Linie durch das Bergische Land. Am 11. September 2010 ist auf dieser Strecke bei Wuppertal-Sonnborn ein ICE 3 der DB AG auf dem Weg von Köln nach Hagen.

Vor Wiedereinführung des IC-Verkehrs auf der Ruhr-Sieg-Strecke verkehrten hier ausschließlich RE- und RB-Züge des Unternehmens Abellio zwischen Essen/Hagen und Siegen (Plettenberg-Teindeln, 5. Februar 2020).

Das EVU Vias Rail fährt heute auf mehreren Linien im nördlichen Rheinland. Der 1648 des Unternehmens ist am 12. Februar 2020 bei Neuss-Büttgen allerdings auf fremdem Territorium unterwegs.

Doppeltriebwagen von National Express als Regionalexpress am 9. April 2016 bei Werver Heide.

◂ Die Westfalenbahn setzt überwiegend auf Triebwagen des Typs „Flirt" (Ostbevern, 2. September 2011).

Auch die eurobahn setzt auf die von Stadler entwickelten Triebwagen des Typs „Flirt“ (Klotingen / Strecke Hamm–Soest, 2. März 2021).

Das EVU transregio ist in Nordrhein-Westfalen nur auf der linken Rheinstrecke unterwegs (Wesseling, 19. März 2011).

Auch von den im Güterverkehr engagierten EVU, die in Nordrhein-Westfalen ansässig sind, sollen einige hier vorgestellt werden, wobei sich die fotografische Dokumentation nicht allein auf diese Unternehmen beschränkt, allerdings kann nur eine kleine Auswahl bildlich vorgestellt werden. Mit 90 Lokomotiven und 700 Güterwagen gehört Rhein Cargo zu den größeren EVU im Bereich Schienengüterverkehr in Nordrhein-Westfalen. Beteiligt je zur Hälfte an dem Unternehmen sind die Häfen und Güterverkehr Köln AG und die Neuss-Düsseldorfer Häfen GmbH & Co. KG. Das Unternehmen versteht sich als Logistikdienstleister und betreibt sechs Rheinhäfen in Düsseldorf, Neuss und Köln sowie eine Gütereisenbahn, die nicht nur Werksverkehre abwickelt, sondern auch international agiert. Neben zahlreichen innerdeutschen Verbindungen gibt es Direktverkehre in die Niederlande, die Schweiz, nach Österreich, Ungarn und Kroatien. Dabei werden pro Jahr fast 20 Millionen Tonnen Güter befördert. Der Regionalverkehr des Unternehmens wird längs der Rheinschiene zwischen Köln, Neuss/Düsseldorf, Krefeld und Bottrop abgewickelt, wobei im Raum Köln auch auf eigenen Strecken gefahren wird. Der umfangreichste Werkverkehr findet in der Kokerei Bottrop statt. Dort wird auf 30 Kilometern Gleis über 80 Weichen an 365 Tagen im Jahr im Dreischichtbetrieb die Versorgung der Kokerei mit Rohstoffen sichergestellt. Für die Wartung des Fahrzeugparks verfügt das Unternehmen über eigene Lokomotiv- und Waggonwerkstätten. Die 2010 gegründete Captrain Deutschland GmbH vereint unter ihrem Dach neben ausländischen auch elf Eisenbahnverkehrs- und Eisenbahninfrastrukturunternehmen, an denen die Holding mit wechselnden Anteilen beteiligt ist. Dabei erbringen neben überregionalen Gütertransporten einzelne Unternehmen verschiedene andere Leistungen. Rail4Captrain beispielsweise stellt Triebfahrzeugführer und Wagenmeister für das gesamte Unternehmen, die Dortmunder Eisenbahn betreibt unter anderem zwei eigene Fachwerkstätten für die Instandhaltung von Schienenfahrzeugen, die Farge-Vegesacker Eisenbahn-Gesellschaft stellt neben dem Angebot von Eisenbahninfrastrukturleistungen auch Eisenbahnbetriebsleiter für verschiedene Anschlussbahnen und einige Unternehmen führen an verschiedenen Standorten auf eigenen Schienennetzen den Güterverkehr auf der letzten Meile durch. Bei Captrain sind fast 1.300 Mitarbeiter beschäftigt, 202 Lokomotiven und 2.315 Güterwagen beförderten 2020 etwa 50 Millionen Tonnen Güter.

RTB Cargo GmbH ist ein in Aachen ansässiges Eisenbahnverkehrsunternehmen, das auf die Rurtalbahn GmbH zurückgeht. Dieses EVU führte bereits vor über 20 Jahren erste Gütertransporte durch. Nach Ausgliederung der Gütersparte firmierte das Unternehmen zunächst unter dem Namen Rurtalbahn Cargo GmbH und wurde später in RTB Cargo GmbH umbenannt. Drei Viertel des Unternehmens gehören seit 2002 der Rath-Gruppe, einer international tätigen Holding mit Tochterunternehmen in Ungarn, Österreich, den Niederlanden und Belgien. Die Holding besteht aus insgesamt neun Unternehmen mit fast 1.000 Beschäftigten. 110 Fahrzeuge der Rath-Gruppe sind nicht nur auf allen Hauptachsen des europäischen Güterverkehrs unterwegs, sondern führen auch Zustell- und Rangierfahrten durch. Lokomotiven des Unternehmens werden auch anderen EVU zur Miete angeboten. RTB Cargo selbst verfügt über vier Streckendiesel- und neun Rangierloks sowie über mehr als 30 elektrische Lokomotiven der Baureihen 185, 186, 189, 192 und 193. Wie stark RTB Cargo in den letzten beiden

Jahrzehnten expandieren konnte, zeigt sich an den Transportzahlen. Wurden 2003 noch etwa 200.000 Tonnen Güter befördert, stieg dieser Wert über 3,4 Millionen Tonnen (2013) auf 5,7 Millionen Tonnen im Jahr 2020.

Das Unternehmen RBH Logistics gehört als Tochterunternehmen zur DB Cargo Deutschland und blickt auf eine lange Geschichte zurück. Zu Beginn des 20. Jahrhunderts entstanden im Bereich der ehemaligen Bergwerksdirektion Recklinghausen zahlreiche Zechenbahnen und ein Hafen am Rhein-Herne-Kanal. Eine eigens zur Verwaltung dieser Einrichtungen geschaffene Gesellschaft (Königliche Zechenbahn- und Hafenbetriebsgesellschaft) firmierte in den nächsten Jahrzehnten unter verschiedenen Namen, gleichzeitig wurden weitere Zechenbahnen angegliedert. Bei der Gründung der Ruhrkohle AG im Jahr 1968 wurden Zechenbahnen und Hafenanlagen unter dem Namen Zechenbahn- und Hafenbetriebe Ruhr-Mitte ein Teil des neuen Unternehmens. 1993 wurde der Name in RAG Bahn und Hafen Vertriebsgesellschaft geändert, 2004 erfolgte die Umwandlung in eine GmbH unter dem Namen RAG Bahn und Hafen. Im Jahr 2005 wurde das Unternehmen an die damalige Railion Deutschland (heute DB Cargo) verkauft und 2006 in RBH Logistics GmbH umbenannt. Auch heute ist das Unternehmen eine hundertprozentige Tochter von DB Cargo. Es bietet bundesweit Güterverkehrsleistungen im Ganzzug-, im kombinierten sowie im Gefahrgutverkehr an. Auch regionale Anschlüsse werden von RBH bedient. Die Abwicklung des Güterverkehrs erfolgt mit 34 Elektro- und elf Diesellokomotiven aus dem eigenen Bestand. 16 ehemalige Reichsbahnloks der Reihe 143 und neun ehemalige DB-Maschinen der Reihe 151 gehören zu den älteren Fahrzeugen, dazu gesellen sich neuere Elektroloks der Reihen 145 (2) und 187 (7). Komplettiert wird der Lokbestand durch elf Dieselloks der Reihe G 1206. Um jährlich fast 18 Millionen Tonnen Güter transportieren zu können, wurden zusätzlich 34 weitere Lokomotiven angemietet, 28 Maschinen der Reihe 145, je zwei der Baureihen 185 und 187 und außerdem zwei Dieselloks der Reihe G 6.

Die Westfälische Landeseisenbahn (WLE) ist die Eisenbahnabteilung der Westfälischen Verkehrsgesellschaft aus Lippstadt. Dazu gehören noch die Schwesterunternehmen Regionalverkehr Ruhr-Lippe (RLG) und Regionalverkehr Münsterland (RVM). Eigentümer sind verschiedene kommunale Gebietskörperschaften aus dem Münsterland, die größten Eigentumsanteile entfallen auf die Kreise Soest und Warendorf. Die WLE ist sowohl Eisenbahnverkehrsunternehmen als auch Eisenbahninfrastrukturunternehmen mit eigenem Schienennetz. Der Personenverkehr auf den Strecken der WLE endete 1975, zwischen Sendenhorst und Münster werden ab 2025 aber wieder Regionalbahnen rollen. Heute werden noch folgende Strecken im Güterverkehr bedient:

WLE	
Lippstadt–Warstein	30,88 km
Belecke–Rüthen	10,09 km
Neubeckum–Ennigerloh	7,15 km
Lippstadt–Neubeckum–Münster	70,70 km

RLG	
Hamm–Vellinghausen	15,00 km
Hamm Abzw.Geithe–Uentrop Süd	1,93 km
Neheim-Hüsten–Arnsberg Süd	11,202 km
Neheim-Hüsten–Sundern	13,60 km

RVM	
Osnabrück-Eversburg–Altenrheine	46,64 km (z.T. Niedersachsen)
Rheine–Spelle	11,07 km

Alle Lokomotiven der WLE, RLG und RVM werden auch anderen EVU zur Miete angeboten. Es handelt sich um zwei Elektrolokomotiven (Nr. 81 und 82), die von Siemens (ES 64F4 / Baujahr 2010) und Bombardier (Traxx AC3 F410 / Baujahr 2015) stammen. Die 14 Streckenlokomotiven mit Dieselantrieb wurden von Siemens, MAK, KHD und Vossloh gebaut. Es handelt sich ausschließlich um vierachsige Drehgestelllokomotiven meist mit Mittelführerstand. Ausnahmen sind die beiden Siemens-Loks des Typs ER 20 und die Vossloh G 2000 mit Endführerständen. Für Rangieraufgaben stehen noch drei zweiachsige Kleinlokomotiven von Gmeinder und Orenstein und Koppel zur Verfügung.

186 151 des Unternehmens Captrain am 31. Oktober 2019 auf der Hamm-Osterfelder Bahn bei Bergkamen.

193 999, die hier am 25. Februar 2021 in Duisburg solo unterwegs ist, gehört zum Unternehmen RTB Cargo.

RBH Logistics setzt unter anderem auf Dieselloks des Typs G 1206 von MaK. Die Schwesterlok der abgebildeten Maschine mit der Nummer 801 war die erste ausgelieferte Lokomotive dieses Typs (Dortmund, 3. Oktober 2010).

187 070 von RheinCargo am 3. März 2021 auf der Hamm-Osterfelder Bahn bei Herten.

Nr. 42 der Westfälischen Landeseisenbahn zieht am 24. April 2013 bei Bettinghausen einen Güterzug in Richtung Paderborn.

Vom Typ Siemens ER 20 ist Lok 2016.906 des Unternehmens Rail Transport Service (Hagen-Vorhalle, 22. Juni 2020).

Aus derselben Fahrzeugfamilie stammt 218 489 von R.P. Eisenbahn GmbH, die auch in den ehemaligen Bundesfarben unterwegs ist (Bergkamen, 8. März 2022).

◀ In den klassischen Bundesbahnfarben unterwegs sind die Lokomotiven des Unternehmens EfW Verkehrsgesellschaft. 215 028 ist eine von 19 Diesellokomotiven des EVU (Mehrhoog, 24. Juni 2020).

Auch sbbcargo ist auf nordrhein-westfälischen Hauptstrecken im Güterzugeinsatz, hier 482 018 am 29. April 2011 bei Essen-Karnap.

In Aachen-West überquert die Strecke nach Mönchengladbach auf einem Steinbogenviadukt die Landstraße. Am 7. Dezember 2008 rollt eine 185 des Unternehmens Crossrail allein in Richtung Mönchengladbach.

3
Fahrzeuge

Zunächst sei ein Blick in die Fahrzeuggeschichte gestattet. Wegen der zahlreichen Gattungen in der Dampflokzeit soll hier schwerpunktmäßig der Lokomotiveinsatz im Fernverkehr angesprochen werden. Neben den allgegenwärtigen Einheitsschnellzuglokomotiven der Baureihen 01, 01.10 und 03, die auch in anderen Teilen Deutschlands im Einsatz waren, gab es in Nordrhein-Westfalen auch Besonderheiten. So kamen vom Bw Hamm aus von 1950/51 bis zu ihrer Ausmusterung 1957/1958 die Schnellfahrlokomotiven der Reihe 05 vor FD-Zügen in der Relation Köln–Hamburg zum Einsatz und zum Ende ihrer Dienstzeit wurden alle in der Bundesrepublik verbliebenen Maschinen der Reihe 03.10, die sich durch Neubekesselung optisch stark von ihren ostdeutschen Schwestern unterschieden, im Bw Hagen-Eckesey zusammengezogen und im Jahr 1966 ausgemustert. Sie liefen vor der Elektrifizierung der Strecken in Richtung Düsseldorf und Köln, auf der Oberen Ruhrtalbahn, vor D-Zügen in Richtung Braunschweig und bis Mai 1965 auf der Ruhr-Sieg-Strecke. Daneben spielte im Personenfernverkehr auch gelegentlich die Baureihe 41 eine Rolle, die 1951 sogar zwischen Venlo und Köln vor dem berühmten „Rheingold“ zu sehen war, ansonsten aber überwiegend im Güterzugdienst eingesetzt war.

Bekannte Einsatz-Bw waren Wanne-Eickel und Köln-Eifeltor. Weitere wichtige Einsatz-Bw im überregionalen Verkehr der ersten beiden DB-Jahrzehnte waren neben anderen das Bw Rheine, das am 31. Mai 1975 mit 012 100 die Zuglok des letzten dampfgeführten Schnellzugs der DB stellte, früher auch die eleganten Loks der Reihe 03 beheimatete, und das Bw Köln-Deutzerfeld mit seinen Schnellzugloks der Baureihe 01. Für kurze Zeit konnte zwischen Kassel und Münster 1967/68 auch der „Schwarze Schwan“ (Baureihe 10) vor Eilzügen beobachtet werden. Für den überregionalen Güterverkehr der Dampflokzeit soll hier das Bahnbetriebswerk Hagen-Vorhalle Erwähnung finden, das bis zur Elektrifizierung der Ruhr-Sieg-Strecke mit seinen schweren Güterzugloks der Reihe 44 gemeinsam mit dem Bw Altenhundem für die zahlreichen Güterzüge zwischen Ruhr und Sieg zuständig war. Diese Rolle wurde danach vom Bw Hagen-Eckesey übernommen, das zahlreiche Maschinen der Reihe 150 und 151 beheimatete. Die schweren 44er waren daneben auch zum Beispiel in Gelsenkirchen-Bismarck, in Rheine und Betzdorf beheimatet.

Noch vor der einsetzenden Elektrifizierung gelangten dann schon Mitte der 1950er-Jahre Neubaufahrzeuge auf die Hauptstrecken des Landes Nordrhein-Westfalen. Bereits ab Oktober 1956 setzte die DB vom Bw Hamm aus die neuen Dieselmaschinen der Baureihe V 200 ein, ein Jahr später liefen nach erfolgreicher Elektrifizierung die neuen Elektrotriebwagen der Reihe ET 30 zwischen Hamm und Düsseldorf im elektrischen Inselbetrieb. Nach weiteren Elektrifizierungen nordrhein-westfälischer Hauptstrecken tauchten hier nun vermehrt auch die neuen Elektrolokomotiven der Baureihen E 10, E 40, E 41 und E 50 auf. Exoten waren die ab 1968 für kurze Zeit in Hagen beheimatete E 19 (119) und Aschaffenburger E 94 (194), die auf der

Ruhr-Sieg-Strecke eingesetzt waren. Erwähnt werden soll von den Altbautypen auch noch die Baureihe E 04 (104), die von Osnabrück aus vor allem zwischen Münster und dem Ruhrgebiet unterwegs war. Aber auch weitere neue Diesellokomotivtypen bewältigten den Verkehr auf nicht oder noch nicht mit Fahrdraht überspannten Hauptstrecken. Von den frühen 1960er-Jahren an waren das die eher für untergeordnete Dienste beschafften beiden Typen der Reihe V 100, die zum Beispiel vor der Elektrifizierung zwischen Dortmund und Münster zu sehen waren, oder nach Ausmusterung der 03^{10} ab 1966 von Hagen-Eckesey aus neue Lokomotiven der Reihe 216, später auch 217, die in diesem Bw später durch stärkere Maschinen der Reihe 218 abgelöst wurden. Mit Einführung des neuen IC-Systems kamen dann auch die neuen Schnellfahrlokomotiven der Reihe E 03 (ab 1968: 103) vor diesen hochwertigen Zügen zum Einsatz und im Güterverkehr gesellte sich die gegenüber der E 50 (150) noch einmal leistungsgesteigerte Reihe 151 dazu. Auch eine verbesserte 110 in Form der Baureihe 111 war bis vor Kurzem im Regionalverkehr auf nordrhein-westfälischen Hauptstrecken zu sehen. Nach dem Ende der DDR kamen aus den neuen Bundesländern die nun so genannten Loks der Reihe 143 sowohl vor Güterzügen als auch im S-Bahn-Verkehr zum Einsatz, auch die ähnlich aussehenden Elektroloks der Reihe 112/114 wurden hier vor allem vor Interregiozügen eingesetzt.

Heute dominieren den Personenverkehr auf den Hauptstrecken in Nordrhein-Westfalen Triebwagen und Triebzüge. Im Fernverkehr der DB AG sind das die verschiedenen Bauformen der ICE-Reihen, wobei die Schnellfahrstrecke Köln–Frankfurt ausschließlich von den schnellen ICE 3 und ICE 4 befahren werden darf. Neben den zahlreichen ICE ist der Thalys eine Randerscheinung. Auf der Linie IC 77 (Berlin–Münster/Amsterdam) sollen ab Dezember 2023 neue ECx-Züge des spanischen Unternehmens Talgo die dort noch heute laufenden älteren Fahrzeuge ablösen und die Fahrzeiten zwischen beiden Hauptstädten deutlich reduzieren helfen. Die Triebwagenflotte des Regionalverkehrs wird auf den elektrifizierten Hauptstrecken durch vier Triebwagentypen dominiert: verschiedene Bauarten des Typs „Stadler Flirt", Bombardier „Talent 2", Alstom „Coradia Continental" und Desiro HC als Fahrzeug des neuen RRX-Angebots. Daneben werden auf den Linien RE 60 und RE 70 (Rheine/Bielefeld–Braunschweig) auch die doppelstöckigen „Stadler KISS" eingesetzt. Auf den nicht elektrifizierten Hauptstrecken stehen zurzeit vor allem Dieseltriebwagen der Reihen 620, 622, 632, 633, 643, 644 und 648 im Einsatz. Im S-Bahn-Verkehr gesellen sich die Baureihen 422 und 423 dazu, sogar die ältere Baureihe 420 wird noch eingesetzt. Lokbespannte Züge im Fernverkehr werden von den Baureihen 101 (IC) und 147 (IC 2) gezogen, im Regionalverkehr laufen Loks der Reihe 146 vor Doppelstockzügen auf den Linien RE 2 (Osnabrück–Düsseldorf), RE 9 (Aachen–Siegen) und RE 42 (Münster–Mönchengladbach).

Da im Güterverkehr auch zahlreiche private Eisenbahnverkehrsunternehmen auf nordrhein-westfälischen Hauptstrecken unterwegs sind, ist eine abschließende Aufzählung aller eingesetzten Lokomotiven schwierig. Deshalb soll hier nur auf die gängigen Typen eingegangen werden. Am häufigsten anzutreffen und von zahlreichen EVU eingesetzt sind wohl die Elektrolokomotiven der TRAXX-Familie (Baureihen 145, 185, 186, 187) aus dem Hause Alstom (früher Bombardier). Daneben sind auch die von Siemens konzipierten Reihen 152, 182 (Taurus), 189 und 192/193 (Siemens Vectron) in Nordrhein-Westfalen zu sehen. Von Siemens werden auch sieben „Vectron Dual Mode" und zwei „Smartron" stammen, die Rhein Cargo Anfang 2023 bestellt hat. Damit sollen die Dieselmaschinen des Unternehmens ersetzt werden. Die ehemaligen Reichsbahnloks der Baureihe 155 machen sich inzwischen auf nordrhein-westfälischen Hauptstrecken rar, mit ein wenig Glück bekommt man hier und da auch noch eine der älteren Maschinen der Reihe 151, die von privaten EVU eingesetzt werden, vor die Linse. Neben diesen elektrischen Lokomotiven werden auch zahlreiche Lokomotiven mit Dieselantrieb auf den nordrhein-westfälischen Hauptstrecken genutzt. Auch hier soll eine kleine Auswahl genügen, um den Rahmen dieses Buches nicht zu sprengen. Es ist inzwischen üblich, dass private EVU auch ehemalige DB-Maschinen ankaufen. Aus diesem Grunde kann man noch häufig ehemalige DB-Loks zum Beispiel der Baureihen V 100 oder V 160 in neuem Farbkleid auf den Hauptstrecken des Landes beobachten. Daneben sind aber auch modernere Lokomotiven von Siemens (Eurorunner) und der General-Motors-Tochter Electro-Motive-Division (Class 66 / Class 77) zu sehen. Dieser Loktyp wird auch von der DB-Tochter EuroCargoRail eingesetzt. Auch die ehemaligen Reichsbahnmaschinen der Reihe 232 sind immer noch von Oberhausen aus im Güterzugeinsatz zu finden. Bei der fotografischen Darstellung musste auch hier aus Platzgründen eine Auswahl getroffen werden.

Die Emslandstrecke von Rheine in Richtung Norddeich war bis zum Fahrplanwechsel 1975 der letzte Einsatzort deutscher Schnellzugdampflokomotiven. 012 075 steht am 23. Dezember 1974 vor dem Schuppen ihres Heimat-Bws.

Kurz vor ihrem Einsatzende im September desselben Jahres wartet 03 1001 am 11. Juli 1966 in Hagen Hbf auf Ausfahrt über die Obere Ruhrtalbahn nach Warburg. Alle Maschinen dieser Baureihe waren zuletzt im Bw Hagen-Eckesey beheimatet.

Über Münster ist 03 219 vom Bahnbetriebswerk Osnabrück Hbf im Juli 1963 mit einem Eilzug nach Essen Hbf gekommen.

Im Jahr 1967 sind die Lokomotiven der Baureihe 23 vom Bw Bestwig aus auf der Oberen Ruhrtalbahn eingesetzt. Am 5. Juni desselben Jahres wird 23 043 in Kürze den Zug nach Warburg ziehen (Hagen Hbf).

Am 3. Mai 1967 ist 44 1127 auf dem Gelände des Hammer Güterbahnhofs abgestellt. Bekannte Dienststellen dieser Baureihe waren in Nordrhein-Westfalen neben Hamm auch Gelsenkirchen-Bismarck, Hagen-Vorhalle und Altenhundem.

Bevor der ICE Einzug hielt, wurden die Intercity-Züge von der Baureihe 103 gezogen, die wir hier mit der Nummer 226 vor einem bunten Zug am 12. Februar 1994 im Bahnhof Solingen-Ohligs (heute Solingen Hbf) sehen.

Die Loks der Reihe 140 waren vor Güterzügen, aber auch im Personenzugdienst eingesetzt. 140 350 passiert auf Gleis 3 am 21. Dezember 1996 den Aachener Hauptbahnhof.

◂ 110 127 hat im Gegensatz zu den ersten Maschinen dieser Baureihe bereits doppelte Stirnlampen erhalten. Am 7. November 1998 ist sie vor einem kurzen Nahverkehrszug im Bahnhof von Wanne-Eickel angekommen.

141 248 wurde wie eine ganze Garnitur n-Wagen mit einer besonderen Farbgebung versehen. Am 10. April 1994 ist sie in Mönchengladbach Hbf vor einem ganz normalen Zug aus „Silberlingen" zu sehen.

Begonnen hatte die Zeit der Maschinen aus der Familie 216/217/218 in Hagen im Sommer 1966. Zum Schluss waren im Bw Hagen-Eckesey nur noch Maschinen der Reihe 218 beheimatet. (Hagen Hbf, 20. Mai 2001). ▸

Die Lokomotiven der Reihe 150 waren für den schweren Güterzugdienst vorgesehen, ab 1973 kam die verbesserte Reihe 151 hinzu (Wanne-Eickel, 7. November 1998).

Bei Ennepetal legt sich 111 016 mit ihrem Regionalexpress auf der Fahrt von Hagen nach Wuppertal in eine der vielen Kurven der ehemaligen Bergisch-Märkischen Strecke.

Von der Baureihe 120 waren im Jahr 2022 bereits wesentlich mehr Exemplare ausgemustert. Am 2. September 2011 befördert die heute nicht mehr betriebsfähige 120 115 noch einen kurzen IC bei Ostholte.

◄ Die Baureihe 101 wird heute noch vor IC-Zügen eingesetzt, wenn auch einige Exemplare bereits aus dem Dienst ausgeschieden sind. 101 129 am 2. September 2011 bei Ostbevern an der Strecke Münster–Osnabrück.

Vor dem markanten Reiterstellwerk von Finnentrop an der Ruhr-Sieg-Strecke wartet am 15. Juni 2018 151 064 auf Ausfahrt in Richtung Hagen.

Die Mehrsystemlok der Baureihe 187 wird in NRW von verschiedenen Bahngesellschaften eingesetzt. Am 31. Oktober 2019 befördert sie einen Güterzug auf der Hamm-Osterfelder Bahn bei Pelkum in Richtung Oberhausen.

◂ Auch die Baureihe 155 verabschiedet sich nach und nach von den Hauptstrecken in Nordrhein-Westfalen. 155 107 hatte 2018 einen Brandschaden erlitten und wurde ein Jahr später verschrottet. Am 9. April 2016 war sie in gutem Zustand aber noch bei Werver Heide in der Nähe von Unna im Einsatz.

Mit einer gemieteten Lok des Typs Vectron ist das EVU Retrack am 14. September 2019 auf der Strecke Hamm–Paderborn bei Elser Holz unterwegs.

Etwas jünger (Baujahre 1997–2006) sind die ICE der Baureihe 403, die für Geschwindigkeiten bis zu 330 km/h zugelassen sind (Wuppertal, 17. April 2010). ▸

Die Baureihe 401 war die erste Generation von ICE-Zügen und ist seit 1991 auf den Schienen unterwegs. Am 7. April 2013 hat ein Exemplar dieser Baureihe auf der Fahrt nach Hannover die Landesgrenze von Nordrhein-Westfalen bei Dankersen erreicht.

Inzwischen laufen auch die neuen ICE 4 der Reihe 412, die es sieben-, zwölf- und dreizehnteilig gibt, auf nordrhein-westfälischen Gleisen (Wetter/Ruhr, 18. November 2020).

Triebwagen des Schweizer Herstellers Stadler (Typ „Flirt") sind auf zahlreichen elektrifizierten Strecken des Landes in den Farben mehrerer Unternehmen zu sehen. Auf der Ruhr-Sieg-Strecke waren sie als „Silberlinge" ab 2007 von Abellio eingesetzt. Im selben Design laufen sie seit Anfang 2022 mit dem DB-Logo (Werdohl, 24. August 2009).

Vor den inzwischen rar gewordenen Zügen mit Lokomotivbespannung laufen überwiegend die Lokomotiven der Reihe 146. 146 011 befördert am 12. April 2008 den RE 6 bei Kamen in Richtung Düsseldorf.

Den Spitznamen „Grinsekatze“ tragen die Elektrotriebzüge der Reihe 1440 (Alstom Coradia Continental), eine Weiterentwicklung der Reihe 440, die drei- bis sechsteilig unterwegs sind. Nummer 225 ist am 10. April 2022 in der Halle des Kölner Hauptbahnhofs angekommen.

Ziemlich neu auf den Schienen des Landes sind die Triebwagen der Reihe 462 (Siemens Desiro HC), die aus zwei Endtriebwagen und zwei bis vier doppelstöckigen Mittelwagen bestehen. Sie werden für das geplante RRX-Netz beschafft (Süddinker, 2. März 2021).

4

Ausblicke

Wegen der geografischen Vielfalt des Landes bietet Nordrhein-Westfalen dem Eisenbahnfotografen zahlreiche Möglichkeiten, Eisenbahnzüge in Szene zu setzen. 13 besondere Fotostellen sollen hier genauer beschrieben werden, um der Leserschaft Gelegenheit zu geben, ebenfalls auf Fotojagd gehen zu können.

Eines der schönsten Eisenbahnmotive in Nordrhein-Westfalen ist sicherlich das Viadukt von Altenbeken, das sich auf vielfältige Weise fotografisch in Szene setzen lässt. Von der unterhalb verlaufenden Landstraße aus fällt der Blick auf das Bauwerk und einen in Richtung Altenbeken fahrenden „Flirt" der eurobahn (1. November 2019).

Eine der bekanntesten Stellen an nordrhein-westfälischen Hauptstrecken, von denen aus Züge fotografiert werden können, ist der Aussichtspunkt oberhalb des Altenbekener Viadukts. Wenn man mit der Bahn anreist, steigt man im Bahnhof Altenbeken aus und nutzt für wenige Meter die nach Süden führende Bahnhofstraße. Über die rechts abzweigende Eichendorffstraße, die sich nach einem kleinen Linksschwenk über den Scholandweg im Heinrich-Neuheuser-Weg fortsetzt, gelangt man am Ende dieser Straße auf Am Kalkofen. Nach Unterqueren der Eisenbahnstrecke und einem 120 Meter langen leichten Anstieg sieht man linkerhand einen Trampelpfad, dem man etwa 300 Meter nach Westen bis zum Aussichtspunkt folgt. Ein weiterer Fotostandort befindet sich oberhalb der Adenauerstraße auf dem Friedhof.

Die Ruhr-Sieg-Strecke mit der oberhalb gelegenen Burg Altena am 1. August 2007.
Burg Altena liegt auf einem Bergsporn oberhalb der Ruhr-Sieg-Strecke im Märkischen Kreis. Auch hier ist das Fotografieren bei Anreise mit der Bahn bequem möglich. Nach dem Ausstieg am Bahnhof Altena nutz man für etwa 150 Meter die Bahnhofstraße in südöstlicher Richtung. Über einen Fußweg gelangt man auf eine Brücke, die sowohl Bahnstrecke als auch den Fluss Lenne überspannt. Die besten Fotos macht man aber nicht von der Brücke aus, sondern von einem kleinen Podest auf dem Fußweg. Beste Zeit für gut beleuchtete Fotos ist ein Nachmittag zwischen Mai und August. Abgelichtet werden sollten Züge aus Richtung Siegen, weil das andere Streckengleis nicht so gut eingesehen werden kann.

Vom südlichen Bahnsteig in Aachen-Eilendorf können Züge aus Richtung Köln vor dem Hintergrund der beiden Tunnel abgelichtet werden (3. August 2009).
Westlich des Aachener Hauptbahnhofs durchquert die Bahnstrecke Aachen–Köln kurz hintereinander zwei Tunnel. Vom Bahnsteig in Aachen-Eilendorf aus, der mit der Regionalbahn vom Aachener Hauptbahnhof schnell erreicht werden kann, lassen sich zahlreiche regionale und internationale Züge der Fahrtrichtung Aachen fotografieren. Beste Fotgrafierzeit, wenn man keine Gegenlichtaufnahmen mag, ist die Zeit von mittags bis abends.

◄ **Östlich von Bochum-Langendreer überquert die Bahnstrecke von Witten nach Bochum die sogenannte Langendreerer Kurve, durch die Züge in Richtung Dortmund verkehren. 139 560 kommt aus Bochum und führt ihren Güterzug in Richtung Hagen-Vorhalle (8. Juli 2008).**
Im Jahr 1987 baute die DB in der Nähe von Bochum-Langendreer ein Stück Neubaustrecke, um auf einem anderen Weg als über Dortmund-Barop den Dortmunder Hauptbahnhof anfahren zu können. Die Strecke von Witten nach Bochum wird seitdem unterquert von den neu verlegten Gleisen, über die nun zahlreiche Züge aus Richtung Hagen/Witten nach Dortmund rollen. Die alte Strecke über Witten-Annen-Nord und Barop dient nun ausschließlich dem S-Bahn-Verkehr. Der Fotopunkt liegt auf einer Straßenbrücke der Grabelohstraße im Ortsteil Bochum-Langendreer und ist mit dem Zug über die Bahnstation Bochum-Langendreer erreichbar. Vom Bahnhof Langendreer aus geht man die B 235 etwa 550 Meter nach Süden, biegt dann nach Osten in die Oberstraße ein, die nach weiteren 300 Metern auf die Grabelohstraße stößt. Dieser Straße folgt man etwa 440 Meter in südlicher Richtung.

Von einer Wiese oberhalb der Hauptstrecke Aachen–Köln kann man Züge gemeinsam mit dem Braunkohlekraftwerk Weisweiler ablichten. Etwas weiter unten gibt es auch die Möglichkeit, dieses Werk mit der neuen Nebenbahn nach Langerwehe zu fotografieren (29. August 2008).
Ebenfalls an der Hauptstrecke von Aachen nach Köln befindet sich westlich von Aachen bei Weisweiler ein Braunkohlekraftwerk, dessen Kühltürme sich mit der Hauptstrecke oder auch der Neubaustrecke nach Langerwehe in Szene setzen lassen. Am besten reist man mit der Bahn an und steigt im Bahnhof Langerwehe aus. Auf der Südseite des Bahnhofs nutzt man die Leo-Höxter-Straße für 500 Meter in westlicher Richtung und biegt dann nach links in den Merbericher Weg ein. Nach kurzer Zeit sieht man rechter Hand ein Gehöft, hinter dem man vom Feld aus das gewünschte Foto schießen kann.

Blick von der Brücke des Autobahnzubringers bei Velmede auf die Obere Ruhrtalbahn (8. Mai 2018). ►
Westlich des Bahnhofs Bestwig zweigt von der Bundesstraße 7 aus ein Zubringer zur Autobahn 46 ab, der auf einer Brücke über das Ruhrtal und die Obere Ruhrtalbahn führt. Diese Brücke erreicht man vom Bestwiger Bahnhof aus durch einen etwa 2,3 Kilometer langen Fußmarsch längs der B 7 in westlicher Richtung. Auf diesem Weg gibt es auch eine Buslinie, die Haltestelle an der Brücke heißt Velmede, Veledastraße.

Wer sich die Mühe macht, zur Burg Blankenberg im Siegtal hinaufzusteigen, kann von dort aus S-Bahnen, Regionalexpress- und Güterzüge auf der unterhalb gelegenen Siegbrücke fotografieren (7. März 2012).
Die im 12. Jahrhundert errichtete Burg Blankenberg liegt zwischen Hennef und Eitorf hoch über dem Siegtal und bietet einen atemberaubenden Blick in das hier recht breite Flusstal und eine der zahlreichen Siegbrücken. Vom Haltepunkt Blankenberg der Siegtalstrecke wählt man in südöstlicher Richtung die Straße Am Burghart. Nach etwa 800 Metern verzweigt sich die Straße. Die mittlere der abzweigenden Straßen heißt Steinermühle und führt hinauf zur Burganlage.

155 178 mit einem Güterzug vor dem Förderturm der ehemaligen Zeche Haus Aden (6. Februar 2015).
Seit 2001 ist die ehemalige Bergkamener Kohlenzeche Haus Aden, die zwischen der Hamm-Osterfelder Bahn und dem Datteln-Hamm-Kanal lag, stillgelegt. Immer noch ragt aber der Förderturm in den Revierhimmel und bietet ein schönes Hintergrundmotiv für Güterzüge aus Richtung Hamm. Mit dem Zug ist dieser Fotopunkt nicht zu erreichen. Vom Bahnhof Kamen aus kann man aber die Schnellbuslinie S81 in Richtung Werne bis zum Bergkamener Busbahnhof nutzen. Dort steigt man um in die Regionalbuslinie R 12 und fährt bis zur Haltestelle Zeche Haus Aden in Oberaden. Die besten Fotos kann man nachmittags machen, wenn man sich in gebührendem Abstand zum Streckengleis kurz hinter dem Bahnübergang in Fahrtrichtung Oberhausen postiert.

Die Hochfelder Rheinbrücke mit einem Triebwagen der Reihe 1440 am 24. Februar 2021. ►
Südlich von Duisburg überquert die Hauptstrecke von Duisburg Hbf nach Krefeld Hbf auf der Hochfelder Brücke den Rhein. Zugfahrten auf dieser Brücke sind am besten nachmittags vom westlichen Rheinufer aus zu beobachten. Dort befindet sich an der Stelle, wo die Osloer Straße (Rheinhausen) die Bahnstrecke unterquert, am Ufer ein großer Parkplatz, von dem aus die Brücke gut in Szene gesetzt werden kann. Die Stelle erreicht man zu Fuß am besten vom Haltepunkt Rheinhausen Ost aus. Von dort aus geht es auf der Europaallee etwa 250 Meter in südöstlicher Richtung. Dort zweigt nach links die Osloer Straße ab, der man bis zu der beschriebenen Stelle folgt.

Güterzug mit Lok 155 042 auf der viergleisigen Magistrale Hamm–Minden bei Ahlen (21. März 2009).

Schöne Fotos vom Zugverkehr auf den Gütergleisen der viergleisigen Magistrale von Hamm nach Minden kann man von einer Straßenbrücke aus südwestlich von Ahlen machen. Die Brücke liegt im Zuge der Straße Am Morgenbruch. Vom Bahnhof Ahlen aus benutzt man eine der beiden Buslinien C3 oder 353 und fährt bis zur Haltestelle Von-Galen-Straße. Von dort aus erreicht man nach 100 Metern in südlicher Richtung die Straße Am Morgenbruch. Hier biegt man rechts ein und hat den Fotopunkt nach weiteren 200 Metern erreicht. Aufnahmen macht man am besten ab Mittag für Züge aus Richtung Minden.

Vier Windräder geben dem Fotostandpunkt bei Bettinghausen die besondere Note (24. April 2013).

An der Strecke von Soest nach Paderborn gibt es in dem kleinen Dorf Wiggeringhausen eine Stelle, von der aus man ein Ensemble von vier Windrädern gemeinsam mit Zügen aus Richtung Paderborn ablichten kann. Vom Bahnhof Lippstadt aus nutzt man dazu die Buslinie S60 in Richtung Anröchte Markt und steigt an der Haltstelle Wiggeringhausen, St.-Agatha-Weg aus. Von dort aus schlägt man den Weg in die Felder hinter den Häusern ein und postiert sich so, dass die Windräder hintereinander zu sehen sind. Beste Aufnahmezeit ist der frühe Nachmittag.

Die Hammer Rheinbrücke in Düsseldorf am 15. Februar 2015.
Zwischen Düsseldorf und Neuss überqueren die Züge den Rhein auf der Hammer Brücke. Das 1870 eröffnete Bauwerk wurde im Zuge des S-Bahn-Baus 1984 durch einen Neubau ersetzt. Der Fotopunkt liegt westlich des Haltepunkts Düsseldorf-Hamm am Weg Am Sandacker auf dem Rheindeich.

Von der Trasse der ehemaligen Ruhrtalbahn, die heute eingleisig als Museumsbahn genutzt wird, fällt der Blick auf die Strecke Hagen–Bochum/Dortmund und das Berger-Denkmal bei Witten.
Von der Trasse der heute nur noch im Museumsverkehr der Deutschen Gesellschaft für Eisenbahngeschichte (DGEG) befahrenen Mittleren Ruhrtalbahn aus kann das auf dem gegenüberliegenden Ruhrufer gelegene Berger-Denkmal in Witten zu einer schönen Bildkomposition beitragen. Dazu sollte man die im Ruhrtal verkehrenden Museumszüge der DGEG entweder von Hagen oder von Bochum-Dahlhausen aus nutzen und an der Station Witten-Bommern aussteigen. Von dort aus läuft man auf der Trasse des ehemaligen zweiten Streckengleises, die als Radweg ausgebaut wurde, etwa 750 Meter in Richtung Hagen und erreicht die Stelle, von der aus das Denkmal gut zu sehen ist. Fahrzeiten der Museumszüge können auf den Internetseiten des Eisenbahnmuseums Bochum-Dahlhausen eingesehen werden. An Tagen ohne Museumsverkehr ist natürlich auch eine Radtour auf dem ehemaligen zweiten Streckengleis möglich.

Buchhinweise

Stillgelegte Bahnstrecken im Bergischen Land

Bernd Franco Hoffmann

22,99 €
ISBN: 978-3-95400-147-7

Ruhrgebiet. 55 Highlights aus der Bahngeschichte
Wie Schienenwege das Revier bis heute prägen

Manfred Diekenbrock und Daniel Michalsky

19,99 €
ISBN: 978-3-96303-142-7

Buchhinweise

Das Eisenbahndreieck
Essen – Bochum – Wanne – Eickel
Im Dienst für Kumpels, Kohle und Stahl

Daniel Michalsky und Manfred Diekenbrock

22,99 €
ISBN: 978-3-96303-446-6

Die Bergisch-Märkische Eisenbahn
Durch die Täler der Wupper, Ruhr und Volme

Bernd Franco Hoffmann

22,99 €
ISBN: 978-3-96303-454-1

suttonverlag.de